Herausgegeben vom
oekom e.V. und Maximilian Gege

ENERGIE SPAREN
leicht gemacht

Von Heizen bis Stromsparen:
Über 100 überraschende Alltagstipps

Bibliografische Information der Deutschen Nationalbibliothek: Die Deutsche Nationalbibliothek verzeichnet diese Publikation in der Deutschen Nationalbibliographie; detaillierte bibliografische Daten sind im Internet über dnb.d-nb.de abrufbar.

Herausgeber:
Prof. Dr. Maximilian Gege sowie der oekom e.V. – Verein für ökologische Kommunikation

oekom e.V.
Verein für ökologische Kommunikation

© 2022 oekom verlag, München
oekom – Gesellschaft für ökologische Kommunikation mbH
Waltherstraße 29, 80337 München

Idee und Konzept: Prof. Dr. Maximilian Gege in Zusammenarbeit mit dem oekom e.V.
Projektleitung und Redaktion: Jasmin Dameris (oekom verlag)
Projektmitarbeit und Redaktion: Alicia Walter, Julia Hermann, Amelie Thomé, Mirela Cifric (alle oekom verlag)
Energiesparmatrix: Gerd Pfitzenmaier
Illustrationen und Grafiken: Ulrike Huber (uhu-design.de)
Gestaltungskonzept, Satz und Umschlaggestaltung: Ulrike Huber (uhu-design.de)
Korrektur: Petra Kienle

Druck: Friedrich Pustet GmbH
& Co. KG, Regensburg

Alle Rechte vorbehalten
Printed in Germany
ISBN 978-3-96238-407-4

Die Herausgeber übernehmen keine rechtliche Verantwortung für den Inhalt der aufgeführten Weblinks sowie für die Richtigkeit der CO_2-Angaben.

Bildnachweise:
Simon Veith – Nachhaltige Fotografie (4); **Adobe Stock:** Tiko (12), weixx (15), pololia (16/31), LIGHTFIELD STUDIOS (19), DedMityay (20), Silvy78 (22), vegefox.com (23), Ingo Bartussek (24), Janni (25), Soho A studio (26), lichtbildmaster (27), tuk69tuk (31), Michael (34), aris Sanjaya (36), photopixel (38), nerudol (39), JenkoAtaman (40), NaMaKuKi (42), Jacob Lund (43), Alexander Raths (45), New Africa (48, 86), 天乐 张 (51), manfredxy (52), Wayhome Studio (53), Krakenimages.com (54), , Pixel-Shot (58), pikselstock (62), rutchapong (65), Looker_Studio (67), Mediteraneo (68), Fabio Principe (69), bernardbodo (70), contrastwerkstatt (74), Luma (76), Ralf Kalytta (77), Oleksandr (79), Yeti Studio (80), Eisenhans (81), rh2010 (82), Alliance (83), Daisy Daisy (84), by-studio (2x)(87) gopixa (88), Arthon (90), WaniWani (94); **Photocase:** suze (28);
iStock: Martin Poole (56)

Inhalt

Einführung

4

Energieeffizient im Gebäude

12

Sinne geschärft in der Küche

34

Läuft's im Badezimmer?

48

Büro und Digitales auf dem Schirm

62

Geräte clever nutzen

74

Ökologische Geldanlagen

94

Liebe Leserinnen und Leser,

wir freuen uns sehr, dass Sie an unserem Ratgeber interessiert sind, zeigt es doch, dass Ihnen Energiesparen und Klimaschutz gleichermaßen wichtig sind.

Energie einzusparen ist tatsächlich das Gebot der Stunde. Unsere über Jahrzehnte sichere Energieversorgung steht durch schwerwiegende politische Ereignisse wie den Ukraine-Krieg und das Abschalten der Gaslieferungen durch Russland mittlerweile auf tönernen Füßen. Gleichzeitig zwingt uns der Klimawandel mit all seinen negativen Konsequenzen wie Hitzewellen, zunehmender Dürre und enormen Problemen für die Landwirtschaft zu schnellem und konsequentem Handeln. Auch wenn jetzt kurzfristig die Kohle nochmals zum Einsatz kommt, müssen wir weg von den fossilen Brennstoffen und hin zu den erneuerbaren Energien. Ebenso angesagt ist eine höhere Energieeffizienz und allen voran ein konsequentes Einsparen von Energie.

In unserem kompakten Ratgeber finden Sie eine Vielzahl praxiserprobter und schnell umsetzbarer Tipps, um mit der knappen Ressource Energie sparsam umzugehen. Ein geringerer Verbrauch hilft, die Haushaltskasse zu entlasten und gleichzeitig einen wichtigen Beitrag für einen vorsorgenden Klimaschutz zu leisten.

Starten Sie am besten gleich mit Ihrem persönlichen »Energiespar-Programm«. Auch wenn die Schritte zunächst klein erscheinen, verfehlen sie nicht ihre Wirkung.

Wer die Raumtemperatur nur um ein bis zwei Grad Celsius absenkt, spart in einem Single-Haushalt bereits die ersten 61 Euro, im 4-Personenhaushalt sind es sogar 94 Euro. Gleichzeitig werden die Emissionen des klimaschädlichen CO_2 um 192 bzw. 362 Kilogramm reduziert.

Verzichten wir einfach auf die übliche Vorwäsche und starten die Waschmaschine nur, wenn sie voll ist. Nutzen wir Stand-by-Steckerleisten und vermeiden so unnötigen Stromverbrauch im Leerlauf. Enorme Einsparungen sind auch durch LED-Leuchten oder Duschsparköpfe möglich und eine Vielzahl weiterer, leicht zu ergreifender Maßnahmen.

All das ist freilich nur eine ganz kleine Auswahl der vielen Tipps, die sich in »Energie sparen leicht gemacht« finden lassen. Suchen Sie sich einfach aus, was am besten zu Ihnen passt – und ermitteln Sie mit unserer »Energiesparmatrix« Ihr jeweiliges Einsparpotenzial.

Wenn wir alle Maßnahmen zusammenrechnen, kommen wir auf mögliche Einsparungen von rund 1.500 Euro für einen Single-Haushalt und rund 3.200 Euro bei vier Personen. Es lohnt sich aber auch, über größere Maßnahmen nachzudenken: Neue energiesparende Geräte wie Waschmaschinen, Kühlgeräte, Geschirrspüler oder Backöfen verursachen zwar zunächst Kosten. Angesichts der langen Nutzungszeiten und weiter steigenden Energiepreisen amortisieren sich diese Beschaffungskosten jedoch später.

Zeigen Sie den Energiekosten die rote Karte und nehmen Sie sich die Zeit, die vielen nützlichen Vorschläge zu prüfen und je nach Wohnsituation umzusetzen.

Je früher, desto besser – denn Energiesparen hat nichts mit Verzicht zu tun. Es lohnt sich – für Sie und das Klima.

Maximilian Gege …

… ist einer der prominentesten Kämpfer für betrieblichen Umweltschutz und gesellschaftliche Nachhaltigkeit. Er ist Mitbegründer des Netzwerks für nachhaltiges Wirtschaften, B.A.U.M. e.V. (Bundesdeutscher Arbeitskreis für Umweltbewusstes Management), der größten Umweltinitiative der Wirtschaft in Europa, deren Vorstandsvorsitzender er bis 2020 war. Lange Jahre war Gege Honorarprofessor im Fachbereich Umweltwissenschaften an der Leuphana Universität Lüneburg, mit den B.A.U.M. Fair Future Fonds und der Green Growth Futura GmbH setzt er sich für konsequent nachhaltiges Investment ein. Für sein vielfältiges Engagement wurde er vielfach ausgezeichnet, u.a. für die europaweit beste nationale Kampagne für erneuerbare Energien »Solar – na klar!«. Besonders am Herzen liegt ihm seine Stiftung Chancen für Kinder, deren Ziel es ist, möglichst vielen Kindern des globalen Südens eine Chance auf ein lebenswertes und unbeschwertes Leben zu ermöglichen.

Energie-3-Sprung

In puncto Energiesparen sowie Klimaschutz ist es wichtig, einen Schritt nach dem anderen zu gehen, um eine wirkungsvolle und dauerhafte Minderung der Kohlendioxid-(CO_2-)Emissionen zu erreichen. Der Energie-3-Sprung beschreibt die »Grundregel«, wie man dabei am besten vorgeht:

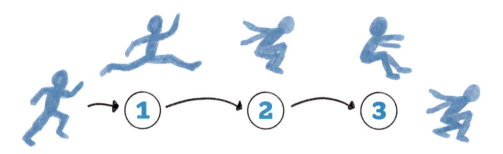

1. Energie, die nicht benötigt wird, muss auch nicht erzeugt werden.

2. Energieeffizienz beschreibt das Verhältnis von erzieltem Nutzen zu eingesetzter Energie. Umgangssprachlich gelten Geräte oder Gebäude als energieeffizient, wenn vergleichsweise wenig Energie für deren Betrieb aufgewendet wird. Vorsicht ist jedoch beim sogenannten »Boomerang-« oder »Rebound-Effekt« geboten, mehr dazu auf S. 86.

3. Der verbleibende Energiebedarf, der nach Sprung eins und zwei übrig ist, wird dann mit erneuerbaren Energien gedeckt.

Es ist wichtig, die Reihenfolge der drei Sprünge zu beachten. Dieses Buch legt seinen Schwerpunkt auf die Sprünge eins und zwei, da hier das größte und am schnellsten umsetzbare Potenzial für uns alle in den eigenen vier Wänden liegt.

Ökologischer Hand- und Fußabdruck

Sich selbst die Frage zu stellen, wo und wie wir Energie einsparen können, lohnt sich nicht nur in Bezug auf steigende Energiepreise. Besonders im Hinblick auf deinen eigenen CO_2-Fußabdruck kannst du hier viel bewirken. Der Fußabdruck entsteht durch deine Handlungen und die Emissionen, die sie verursachen; der Handabdruck misst, wie viel CO_2 deine Handlungen vermeiden. Der ökologische Handabdruck ergänzt also als Gegenstück den Fußabdruck, zusammen bilden sie einen ganzheitlichen Ansatz, um den persönlichen Einfluss auf den CO_2-Haushalt zu messen.

Fußabdruck verkleinern

Handabdruck vergrößern

Raumtemperatur senken

Programmierbare Thermostate für alle Bewohner*innen einrichten

Sich pflanzlich ernähren

Überschüssige Lebensmittel über »Foodsharing« weitergeben

Bei 30 Grad statt 40 Grad Wäsche waschen

Sparduschkopf in der Wohngemeinschaft installieren

Während der Pause Bildschirm ausschalten

Doppelseitig drucken als Standardeinstellung beim Gemeinschaftsdrucker einstellen

Ökostrom beziehen

Rasenmäher in der Nachbarschaft verleihen

Energieverbrauch Privathaushalte

Energie sparen lässt sich sowohl durch energieeffizientes Heizen als auch durch Einsparen von Strom. Der mit Abstand größte Anteil des Energieverbrauchs in privaten Haushalten fällt im Bereich Wohnen für die Raumwärme, also Heizen, an (siehe Grafik). Strom für die Beleuchtung, Elektrogeräte und darunter zunehmend auch für Informations- und Kommunikationstechnik macht im Verhältnis weniger aus. Hier gibt es aber dennoch gute Möglichkeiten zur Energie- und Geldersparnis. Eine Übersicht zu den Anteilen am Stromverbrauch zuhause findest du auf S. 9.

Energieverbrauch für Wohnen nach Anwendungsbereichen

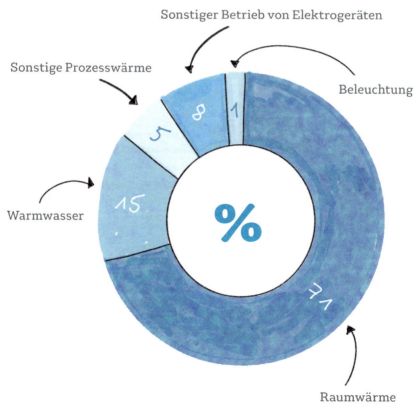

Quelle: Statistisches Bundesamt (Destatis) 2021

Stromsparpotenziale erkennen

Was sind die größten Stromverbraucher im Haushalt? Eine persönliche Einschätzung ist gar nicht so einfach, die folgende Grafik verschafft dir einen Überblick. Ein Großteil des Stromverbrauchs entfällt auf die Nutzung von großen Haushaltsgeräten und Unterhaltungselektronik. Oftmals wird hierfür mehr Strom verbraucht, als nötig wäre. Hier kannst du also viel Geld und CO_2 einsparen.

Stromverbrauch im Privathaushalt
durchschnittlicher Haushalt, Warmwasserbereitung ohne Strom

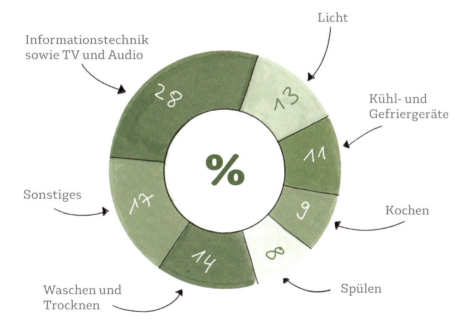

Quelle Daten: BDEW Stand 2021

Energiesparmatrix

Am Ende eines jeden Kapitels in diesem Buch findest du eine »Energiesparmatrix«. Diese zeigt dir übersichtlich und auf einen Blick, wie hoch die Geld- und CO_2-Ersparnis einzelner Energiesparmaßnahmen ist, was viel bringt und was du schon in wenigen Minuten umsetzen kannst – ohne viel Aufwand oder hohe Investitionskosten.

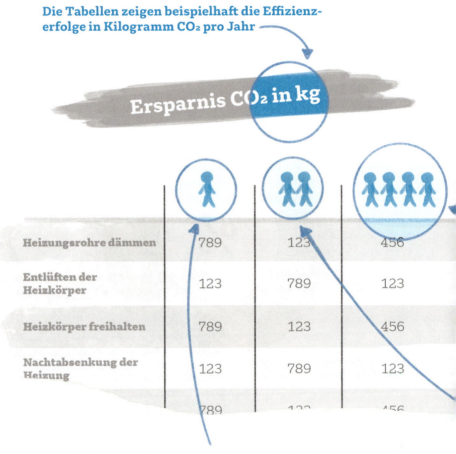

Die Tabellen zeigen beispielhaft die Effizienzerfolge in Kilogramm CO_2 pro Jahr

Ersparnis CO_2 in kg

Heizungsrohre dämmen	789	123	456
Entlüften der Heizkörper	123	789	123
Heizkörper freihalten	789	123	456
Nachtabsenkung der Heizung	123	789	123
	789	123	456

– jeweils kalkuliert für einen Single-Haushalt mit einer 60-Quadratmeter (m²)-Wohnung,

Sämtliche Einsparpotenziale sind im Internet frei zugänglichen Quellen entnommen – Studien, Umweltbundesamt, Verbände oder von Energieberatern. Alle Daten wurden zusammengetragen und geordnet.

Da die Energiepreise während der Buchproduktion weiter stiegen, können sie in gedruckter Form nur eine Orientierung bieten (Recherchestand: April 2022). Die tatsächlichen Spareffekte übersteigen die hier abgebildeten Werte vermutlich sogar noch.

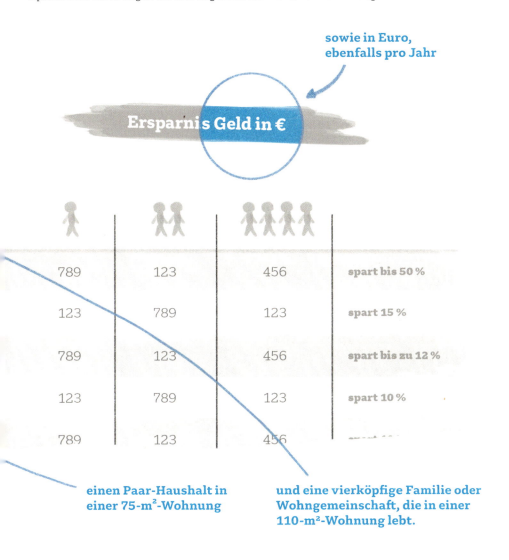

einen Paar-Haushalt in einer 75-m²-Wohnung

und eine vierköpfige Familie oder Wohngemeinschaft, die in einer 110-m²-Wohnung lebt.

Energieeffizient im Gebäude

Wärme stellt den größten Energieanteil im Privathaushalt: Laut Heizspiegel könnten die Haushalte in 90 Prozent der Wohngebäude durchschnittlich 500 Euro Heizkosten pro Jahr sparen. Richtig heizen kann also noch viel klimafreundlicher sein als Stromsparen und ist aktuell auch das beste Mittel gegen steigende Energiepreise. Egal, wie du wohnst – ob Mietshaus, WG-Zimmer, Wohnung oder Einfamilienhaus – es gibt viele Möglichkeiten, Heizkosten zu senken. Wie das konkret funktioniert, zeigen wir dir auf den folgenden Seiten.

Richtig heizen – gewusst wie!

Beim Thema Heizen denken viele an hohe Investitionskosten und aufwendige Maßnahmen. Es gibt aber auch zahlreiche kleine Dinge, die sich ohne Mühe ändern lassen und dir in der Summe auch eine ganze Menge Geld sparen.

Diese Tipps kannst du sofort umsetzen:

Heizkörper frei halten
Nur so können sie die Wärme in den Raum abgeben. Möbel vor der Heizung können bis zu 15 Prozent der Wärme »schlucken«. Auch das Trocknen von Wäsche auf der Heizung verbraucht mehr Heizenergie.

Heizung entlüften
Heizkörper müssen regelmäßig entlüftet werden, damit sie richtig arbeiten können. Einfach das Lüftungsventil mit einem Heizungsschlüssel aufdrehen und die eingeschlossene Luft entweichen lassen bis Wasser tröpfelt. In einem durchschnittlichen Einfamilienhaus kannst du mit dieser Maßnahme im Optimalfall bis zu 60 Euro Heizkosten im Jahr sparen. In einer Mietwohnung sind es immerhin bis zu 30 Euro. Wichtig: Manuelles Entlüften ist nicht immer sinnvoll. Einige Heizanlagen verfügen über einen automatischen Entlüfter (erkennbar an der fehlenden Vierkant-Aufnahme für den Entlüftungsschlüssel). In dem Fall bringt manuelles Entlüften nichts beziehungsweise es ist gar nicht möglich. Spätestens hier solltest du eine Fachkraft kontaktieren.

Innen dämmen
Durch geschlossene Rollläden oder Vorhänge wird die Wärme im Raum gehalten. Hinter den Heizkörpern kann viel Wärme verloren gehen: Eine Alu-Dämmmatte, erhältlich im örtlichen Baumarkt, schafft Abhilfe. Sie strahlt die Wärme zurück in den Raum.

Fenster abdichten
Zugige Ritzen kannst du ganz leicht mit einem Band aus Gummi, Silikon oder Recycling-Material abdichten – so bleibt die Wärme drinnen! Einen Meter davon gibt's schon ab zwei Euro. Bei zugigen Haustüren Zugluftblocker besorgen!

Stoßlüften statt dauergekippter Fenster
Stoßlüften spart Energie und verhindert Schimmelbildung am kalten Fenstersturz. Am effektivsten ist es, wenn du zwei bis vier Mal täglich fünf Minuten lang alle Fenster weit öffnest und in dieser Zeit die Heizungen herunterdrehst. So wird die verbrauchte Luft durch frische ausgetauscht, die sich schnell wieder erwärmt.

Heizkosten prüfen
Sind deine Heizkosten zu hoch? In nur fünf Minuten kannst du mit dem »HeizCheck« von co2online deinen Heizenergieverbrauch prüfen – mit Vergleichswerten und Handlungsempfehlungen zur Kosteneinsparung.
co2online.de/energie-sparen/heizenergie-sparen/heizkosten-sparen

Stufenweise Energie sparen

Um Heizenergie zu sparen, muss man nicht gleich mit Decke und drei Wollpullovern in der Wohnung sitzen. Es kommt vielmehr auf die richtige Temperatur im richtigen Raum an. In Wohn-, Kinder- und Arbeitszimmer dürfen es tagsüber angenehme 20 bis 22 Grad Celsius sein. In Küche, Schlafzimmer und Flur hingegen reichen 16 bis 18 Grad aus. Wenn du nicht zuhause bist, solltest du die Heizung nicht ganz ausschalten. Denn deine Wohnung kühlt unter Umständen so stark aus, dass der Energieaufwand, sie wieder zu erwärmen, eventuell sogar höher ist, als wenn auf niedriger Stufe weiter geheizt wird. Zudem wird Schimmel vermieden. Als Faustregel gilt: Wird die durchschnittliche Raumtemperatur um ein Grad abgesenkt, spart das sechs Prozent Heizenergie. Auf deinem Thermostat stehen Zahlen von eins bis fünf? Das bedeutet, Stufe eins entspricht ungefähr zwölf Grad. Mit jeder weiteren Stufe wird die Temperatur um ca. vier Grad erhöht. Aufgepasst! Wenn du es schnell warm haben willst, hilft es nicht, auf Stufe fünf aufzudrehen. Diese Stufe heizt nicht schneller als Stufe drei, sondern hat nur eine höhere Zieltemperatur, die jedoch meistens zu hoch liegt.

Die wichtigsten Fakten zu programmierbaren Thermostaten:

- Je nach Modell kannst du bei programmierbaren Thermostaten individuelle Heizkurven einstellen.
- Die Nachtabsenkung auf 15 Grad Celsius kannst du auch tagsüber nutzen, wenn du zur Arbeit gehst.
- Programmierbare Thermostatventile gibt es für 10 bis 50 Euro pro Heizkörper und du sparst bis zu zehn Prozent Heizenergie im Vergleich zu analogen Modellen.
- Thermostate sollten ca. alle 15 Jahre ausgewechselt werden. Der »ThermostatCheck« auf **heizspiegel.de** zeigt dir, ob deine Heizungsthermostate noch dem neuesten Stand der Technik entsprechen und welches Einsparpotenzial in einem Thermostattausch schlummert.
- Eine Anleitung, wie du dein Thermostat in fünf einfachen Schritten austauschen kannst, findest du auf **co2online.de**, Suchbegriff »Thermostat«.
- Tipp: Im Zuge eines hydraulischen Abgleichs kannst du dir den Tausch von Thermostaten mit 20 Prozent der Investitionskosten fördern lassen.
- Smarte Thermostate funktionieren prinzipiell wie einfache, programmierbare Varianten – mit dem Unterschied, dass sie sich über eine Funkverbindung mit einem Smartphone oder Tablet verbinden lassen und über eine App gesteuert werden. Für weitere Tipps zum Thema Smart Home siehe S. 82.

Heizkostenabrechnung selbst prüfen – Tipps für Mieter*innen

Vier von fünf Heizkostenabrechnungen sind laut einer Stichprobe von Finanztip (2019) fehlerhaft. Die Heizkostenabrechnung selbst zu prüfen, ist jedoch gar nicht so schwer, wenn du weißt, worauf du achten musst. Eine Liste der häufigsten Fehler in Heizkostenabrechnungen sowie eine Anleitung zur selbstständigen Prüfung (inklusive Muster-Heizkostenabrechnung) findest du auf **heizspiegel.de**.

Hier einige Punkte im Überblick:

- Vergleiche deine Heizkostenabrechnung mit Abrechnungen aus den Vorjahren. Gibt es Abweichungen?
- Ist dein Anteil am Heizenergieverbrauch und dein Anteil an der Gebäudefläche verhältnismäßig?
- Ist der Abrechnungszeitraum korrekt?
- Vermieter*innen müssen die Heizkostenabrechnung spätestens ein Jahr nach Ende der Abrechnungsperiode zustellen – ist diese Frist eingehalten worden?
- Wurden deine monatlichen Vorauszahlungen korrekt berücksichtigt?
- Stimmen die angegebenen Verbrauchswerte? Das kannst du übrigens prüfen, indem du bereits zum Ende des entsprechenden Abrechnungszeitraums die Werte an den Erfassungsgeräten deiner Wohnung abliest.
- Ist die richtige Gesamtfläche des Gebäudes angegeben?

Solltest du bei einem oder mehreren Punkten deiner Heizkostenabrechnung Unstimmigkeiten feststellen, lass dich von einem Profi beraten – z.B. beim Deutschen Mieterbund. Für Mitglieder ist das Prüfen der Heizkostenabrechnung in der Regel kostenlos. Auch die Verbraucherzentrale (**verbraucherzentrale.de**) hilft dabei, den eigenen Energieverbrauch zu verstehen. Beim »kostenfreien Basischeck« der Verbraucherzentrale kommt ein*e Energieberater*in zu dir nach Hause, bewertet deinen Verbrauch und prüft auf Wunsch auch deine Heizkostenabrechnung.

Richtig kühlen

Einen Großteil unserer Energie verbrauchen wir fürs Heizen. Durch zunehmend heiße Sommer spielt jedoch auch das Kühlen eine immer größere Rolle. Mit folgenden Tipps ist deine Wohnung im Sommer angenehm temperiert – und das auch ohne energieaufwendige Kühltechnik!

- **Sommerhitze draußen lassen:** Lüfte in der Nacht und in den frühen Morgenstunden und schließe danach die Fenster und Rollläden. Damit bleibt die Hitze draußen.
- **Verschattung von außen:** Laubbäume vor den Fenstern bieten einen natürlichen Hitzeschutz. Weniger effektiv, aber ebenfalls sinnvoll sind von außen angebrachte Lamellen, Rollläden und Markisen.
- **Ventilatoren** benötigen deutlich weniger Energie als Klimageräte und kühlen durch den leichten Luftzug.
- **Klimaneutrale Kühlung** erzeugt ein althergebrachtes (Damen-)Accessoire: Mit ein wenig Muskelkraft sorgt ein Fächer für frische Luft.
- **Luftige Kleidung** aus Naturmaterialien wie Leinen, Baumwolle oder Seide bietet ebenfalls Erleichterung.

Energieeffizient im Gebäude

Für Hausbesitzer*innen

Heiztipps auf einen Blick:

Heizungsrohre dämmen
Wenn der Heizungskeller (zu) warm ist, verpufft wahrscheinlich ein großer Teil der Wärme im Keller, anstatt deine Wohnräume zu heizen. Das Problem ist leicht zu beheben: Isoliermaterial für Rohrleitungen und Heizungskomponenten sind im Baumarkt erhältlich und einfach anzubringen. Eine Anleitung dazu und weitere energiesparende Sanierungen findest du auf **co2online.de**.

Gezielt heizen mit hydraulischem Abgleich
Laufen einige deiner Heizkörper auf Hochtouren, während andere kaum in die Gänge kommen? Dann arbeitet deine Heizung ineffizient. Ein hydraulischer Abgleich löst das Problem: Jeder Heizkörper wird individuell eingestellt. Das senkt die Heizkosten um fünf bis 15 Prozent – bei Investitionskosten von einem bis sechs Euro pro Quadratmeter.

Neue Heizungspumpe
Der Austausch einer alten Heizungspumpe gegen eine moderne Hocheffizienzpumpe spart Energie – bis zu drei Viertel des Stroms – und damit jede Menge CO_2. Damit ist dies eine Investition, die sich schon nach kurzer Zeit rechnet. Mehr unter **sparpumpe.de**.
Die Anschaffung einer neuen, effizienten Pumpe kostet rund 300 Euro und wird vom Bundesamt für Wirtschaft und Ausfuhrkontrolle (BAFA) gefördert. Eine Liste der förderfähigen Pumpen findest du unter **bafa.de** > Heizungsoptimierung.
Ist die Umwälzpumpe in deinem Heizungskeller ein Stromfresser? Lohnt sich der Austausch der alten Pumpe gegen eine moderne Hocheffizienzpumpe bereits heute? Der »PumpenCheck« auf **heizspiegel.de** hilft dir bei deiner Entscheidung.

Alte Heizung gegen eine neue tauschen (siehe auch S. 22)
Eine Modernisierung oder gar ein Austausch deiner Heizung kann sich lohnen. Falls deine Heizung noch nicht mit Brennwerttechnik ausgerüstet ist, lohnt sich eine Modernisierung in fast jedem Fall. Noch mehr Kosten und CO_2 kannst du einsparen, wenn du deine Heizung mit einer Solarthermieanlage kombinierst. Ein Modernisierungscheck hilft Hauseigentümer*innen bei der Wahl der richtigen Heizung, z.B. auf **co2online.de**.
Übrigens: Neben dem Austausch der Heizungspumpe sind der hydraulische Abgleich der Heizungsanlage inklusive der Einstellung der Heizkurve und die Dämmung von Rohrleitungen Maßnahmen, die unter dem Stichwort »Heizungsoptimierung« vom BAFA gefördert werden. Mehr zu Fördermöglichkeiten im Eigenheim findest du auf S. 30.

Welche Heizungsarten gibt es und worauf ist bei der Auswahl zu achten?

Wärmepumpe, Pelletheizung, Solarthermie, Gasheizung, Blockheizkraftwerk (BHKW), Brennstoffzellen-Heizung, Fernwärme – die Auswahl an Heizsystemen ist groß. Doch welche Heizung ist für welches Haus geeignet und worauf muss man achten? Welche Heizung die richtige für ein Gebäude ist, hängt von mehreren Faktoren ab, die Eigentümer*innen bei einem Vergleich verschiedener Heizungsarten bedenken sollten:

- **Zustand des Hauses:** Von der Dämmung hängt der Wärmebedarf ab.
- **Platzbedarf & Emissionen:** Viele Heizungen mit erneuerbaren Energien brauchen großflächige Heizkörper. Pelletheizungen benötigen zudem einen Lagerraum für Brennstoff und einen Filter. Für Solarwärme-Kollektoren muss genug Platz auf dem Dach sein. Luftwärmepumpen verursachen Lärmemissionen – im Gegensatz zu Erdwärmepumpen.
- **Kosten der Heizung:** Neben den Anschaffungskosten kommt es auf die jährlichen Kosten für Brennstoffe und Wartung an.
- **Staatliche Förderung:** Für Heizungen mit erneuerbaren Energien gibt es Zuschüsse von bis zu 45 Prozent.
- **CO_2-Bilanz:** Einige Heizungsarten sind nahezu klimaneutral und dadurch zukunftssicher – und das wird immer wichtiger im Zusammenhang mit dem steigenden CO_2-Preis.
- **Gesetzliche Anforderungen:** Für den Neubau fordert das Gebäudeenergiegesetz (GEG) eine Heizung mit einem Mindestanteil erneuerbarer Energien. Infos beispielsweise unter **verbraucherzentrale.de**, Stichwort »GEG«.

Antwort auf die Frage, welches Heizsystem für dich das beste ist, bietet der »Heizspiegel 2021« (**heizspiegel.de**). Hier kannst du Heizkosten nach Heizsystem und Wohnungsfläche vergleichen.

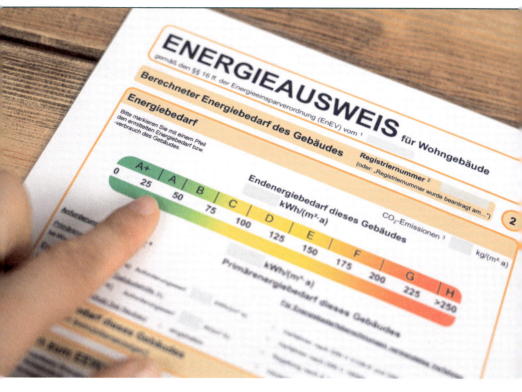

Energieausweis

Die Idee: Wer eine Immobilie kaufen oder mieten möchte, soll auf einer Farbskala (wie bei einem Kühlschrank oder einer Waschmaschine) sofort erkennen können, ob sie sparsam mit Energie umgeht (grün), im Durchschnitt liegt (gelb) oder Energie verschwendet (rot). Besorgen und bezahlen muss den Ausweis der Besitzende der Immobilie. Es gibt zwei Varianten:

Im »Verbrauchsausweis« wird der Verbrauch anhand der Heizkostenabrechnungen dargestellt. Das Problem dabei ist: Der Wert ist natürlich abhängig vom Verhalten der Bewohner*innen.

Aussagekräftiger, aber in der Anschaffung wesentlich teurer (ab etwa 300 Euro) ist der »Bedarfsausweis«. Dazu muss ein*e Architekt*in, ein*e Ingenieur*in oder ein*e Handwerker*in das Gebäude inspizieren und beurteilen.

Wer braucht wann welchen Energieausweis? Infos rund ums Thema findest du unter **dena-energieausweis.de**. Wer unter **zukunft-haus.info** seine Postleitzahl eingibt, erhält zudem eine Liste der registrierten Aussteller*innen an seinem Wohnort.

Energetische Sanierung

Unter energetischer Sanierung oder CO_2-Gebäudesanierung sind verschiedene Maßnahmen zusammengefasst, welche Energie und langfristig Geld einsparen sowie zum aktiven Klimaschutz beitragen. Dazu zählen beispielsweise die Dämmung von Dach und Fassade, moderne Fenster oder Heizungsanlagen.

So kannst du starten:

- **Der »ModernisierungsCheck« (heizspiegel.de):** bietet Hilfestellungen rund um die energetische Modernisierung. Der Ratgeber prüft die Wirtschaftlichkeit von verschiedenen Sanierungsmaßnahmen für ein konkretes Gebäude und berechnet voraussichtliche Energieeinsparungen.
- **Mach eine Energieberatung:** Qualifizierte Expert*innen für Energieeffizienz findest du auf der Seite **energie-effizienz-experten.de**. Erstelle gemeinsam mit dem*der Energieberater*in ein Sanierungskonzept für dein Haus.

Pack dein Haus warm ein

Eine Dämmung bringt viele Vorteile, denn ein rundum gedämmtes Haus kommt mit viel weniger Heizenergie aus. So wirst du ein Stück weit unabhängiger von steigenden Energiepreisen und erhältst den Wert deines Gebäudes langfristig. Außerdem sorgen die warmen Wände im Winter bei gleicher Raumtemperatur für ein gemütliches Gefühl, im Sommer bleiben die Räume kühl. Eine Dämmung ist also eine wirklich lohnende Investition. Naturdämmstoffe wie Hanf, Flachs, Holzfasern oder Jute sorgen für ein gutes Raumklima und sind umwelt- und klimaschonend. Bei der Fachagentur Nachwachsende Rohstoffe (**fnr.de**) oder unter **oekologisch-bauen.info** bekommst du einen Überblick über verschiedene Dämmstoffe.

Immer schön auf dem Boden bleiben

Bodenbeläge müssen hohen Ansprüchen genügen: wasserfest, pflegeleicht, (schall-)isolierend und ökologisch unbedenklich. Das ist eine ganze Menge. Empfehlenswert sind hier Materialien, die lange halten und leicht zu reparieren sind. Dazu gehören Linoleum und Kork, die zu großen Teilen aus nachwachsenden Rohstoffen bestehen und gut recyclebar sind. Holz ist ebenfalls lange haltbar, dazu edel und gut fürs Raumklima – achte beim Kauf unbedingt auf Holz aus zertifiziertem Anbau. Bei Teppichboden und Laminat kommt es ganz auf die Art und Herkunft an. Beides geht auch nachhaltig! PVC sollte aufgrund seiner Bestandteile, den enthaltenen Weichmachern und der problematischen Entsorgung nicht mehr verwendet werden.*

*Einfach öko, Markus Franken & Monika Götze, oekom verlag

Passivhaus

Aufgrund der Wohnraumknappheit, insbesondere in Ballungsgebieten, sind Neubauten oft nicht zu vermeiden. Für neue Infrastruktur und Gebäude werden jedoch sehr viel Energie und Ressourcen verbraucht. Besonders kritisch zu betrachten sind Materialien wie Sand, der langsam knapp wird, oder Zement, der bei seiner Herstellung große Mengen an CO_2 verursacht. Dennoch besteht die Möglichkeit, ein Haus so zu errichten, dass der Energiebedarf während der Nutzungsdauer auf ein Minimum reduziert wird. Das Konzept des Passivhauses ist hier eine gute Lösung. Dank verschiedener baulicher Maßnahmen wie kluge Dämmung und Kombination von Lüftungs- und Heiztechnik, kommt ein Passivhaus ohne klassische Heizung aus und spart dadurch bis zu 75 Prozent Heizwärme im Vergleich zu einem durchschnittlichen Neubau. Die höheren Investitionskosten von fünf bis zehn Prozent amortisieren sich dadurch schnell. Übrigens: Du kannst dein existierendes Haus auch mit Passivhaus-Komponenten modernisieren lassen! Mehr Informationen findest du z.B. unter **passiv.de.**

Garten

Gerade für den Garten eignen sich Solargeräte, z.B. Solarleuchten für Gehwege. Auch die immer beliebteren Rasenmähroboter gibt es solarbetrieben. Doch hier ist Vorsicht geboten: Bei kleinen Tieren wie Igel oder Eidechsen machen die Mähroboter kurzen Prozess. Daher ist selbst Hand anlegen die sichere Variante. Hier ist ein elektrischer Rasenmäher einem mit Benzin betriebenem Modell vorzuziehen. Am besten sind natürlich Handrasenmäher, die verbrauchen weder Strom noch Brennstoff.

Grüne Wände

Eine begrünte Hauswand hat viele Vorteile: Zum einen schützt sie vor Sonneneinstrahlung und kühlt das Haus im Sommer – wird die Wand mit immergrünen Gewächsen, wie z.B. Efeu, bepflanzt, wirkt dies auch im Winter isolierend. Zum anderen schützen die Pflanzen die Hausfassade vor Schmutzablagerung, Regen und direkter UV-Strahlung. Auch als Lärmschutz dient eine berankte Fassade: Das Blattwerk schluckt Schallwellen, was eine Lärmminderung von bis zu zehn Dezibel bewirken kann.
Vögeln und Insekten dient eine grüne Hauswand außerdem als Lebensraum und Nahrungsquelle – und nebenbei verbessert sie die Luftqualität, indem sie CO_2 in Sauerstoff umwandelt. Welche Möglichkeiten und Pflanzentypen es zur Fassadenbegrünung gibt und was es unbedingt zu beachten gilt, damit keine Baumängel entstehen, findest du auf der Seite des NABU unter **nabu.de**, Stichwort »Fassadenbegrünung«.

Dächer nutzen – Klima schützen

Hat mein Hausdach das Potenzial für eine Photovoltaikanlage zur Stromerzeugung oder eine Solarthermieanlage zur Wärmegewinnung? Antworten darauf gibt das Solarkataster, das viele Kommunen inzwischen online zur Verfügung stellen. Ein begrüntes Hausdach lässt sich gewinnbringend mit einer Solaranlage kombinieren. Die Anlage arbeitet durch die Begrünung effizienter, da sie sich weniger stark aufheizt.

Energie von der Sonne – Photovoltaik

Die Nutzung von Sonnenenergie zur Stromerzeugung hat – neben einer positiven Energiebilanz – den Vorteil, dass sie konventionelle Energieträger wie Öl, Gas, Kohle und Uran ersetzt und Umweltbelastungen durch CO_2-Emissionen und Abgase vermindert. Zusätzlich entfallen bei der Solartechnik sowohl Kosten als auch Risiken bestimmter Transporte (Öltanker, Pipelines, Castor-Transporte). Die Einspeisetarife ins öffentliche Netz für den eigenen Solarstrom gehen immer weiter zurück. Der Kauf einer Solaranlage rechnet sich aber trotzdem, da die Preise für Anlagen sehr stark gesunken sind. Vor über zehn Jahren kostete eine PV-Anlage ca. 70 Prozent mehr als heute. Zudem liegt der Fokus mittlerweile auf der Eigennutzung des selbst produzierten Stroms. Ob sich das für dich lohnt, kannst du mit Hilfe eines Solarkatasters herausfinden, welches viele Kommunen zur Einsicht bieten. Mit einem Ertragsrechner ist zudem die Wirtschaftlichkeit einer Anlage zur Warmwassergewinnung (Solarthermie) oder zur Stromgewinnung (Photovoltaik) individuell berechenbar. Auch kannst du berechnen, wie sich die Wirtschaftlichkeit ändert, wenn du beispielsweise ein Elektroauto oder einen Batteriespeicher hast. Wenn du bereits eine PV-Anlage betreibst, hilft dir ein sogenannter »Energiemanager«: Dieser

sorgt dafür, dass du möglichst viel deines produzierten Ökostroms selbst nutzt. Mit einem guten Energiemanagementsystem starten z.B. große Verbraucher wie die Waschmaschine immer dann, wenn die PV-Anlage gerade viel Strom produziert. Das ist nicht nur ökologisch, sondern spart bares Geld. Falls dein Dach nicht geeignet sein sollte, kannst du dich einer Energiegenossenschaft anschließen und Sonnenenergie zusammen mit anderen nutzen. Wer kein Dach zur Verfügung hat, kann sich – bei Mietwohnungen in Absprache mit dem*der Vermieter*in – z.B. ein Mini-Solarmodul in den Garten stellen oder an den Balkon hängen und so die eigenen Stromkosten reduzieren. Module gibt es ab 500 Euro, z.B. unter **minijoule.com**. Und wenn du unterwegs mit Strom versorgt werden willst, z.B. über einen Rucksack, schau doch mal auf die Seite **vireo.de**.

Exkurs e-Auto: möglichst viel eigenen Solarstrom laden
Wie kann ich mein Elektroauto zuhause mit Solarstrom laden? ADAC und Verbraucherzentrale geben hier Antwort: **verbraucherzentrale.de**, Suchbegriff »Solarstrom eAuto« oder **adac.de**, Stichwort »eAuto Solarstrom«.

Sonniges Warmwasser
Sonnenkollektoren bieten wohl die ökologischste Möglichkeit der Wärmeproduktion. Nach etwa zwei Jahren hat ein Kollektor mehr Energie erzeugt, als seine Herstellung benötigt hat. Bei einer Lebensdauer von über 20 Jahren ist das ein sehr gutes Verhältnis. Sonnenkollektoren erwärmen das Wasser, ohne Lärm und Abgase zu produzieren. Mehr als die Hälfte des jährlichen Warmwasserbedarfs eines Haushalts kann eine richtig ausgelegte Solaranlage in einer Größe von fünf Quadratmetern abdecken. Ein größerer Kollektor in Kombination mit einem Pufferspeicher liefert in der Übergangszeit auch genug Wärme für die Raumheizung.

Alles rund um Fördermöglichkeiten und Kostenminimierung

In Deutschland gibt es eine Vielzahl von Förderprogrammen für den Neubau und die Modernisierung von Wohnhäusern und Nichtwohngebäuden. Der »FördermittelCheck« auf **heizspiegel.de** hilft dir, die Programme zu finden, die für dein Bau- oder Modernisierungsvorhaben in Frage kommen.

Hier ist ein Überblick über wichtige Fördermittelgeber und Förderungen:

Die bundeseigene Förderbank KfW
Finanziert den Bau und Kauf von energieeffizienten Gebäuden, energetisches Sanieren oder den Umbau sowie die Nutzung erneuerbarer Energien mit umfangreichen Fördermitteln.
- KfW bietet Darlehen und Zuschüsse, eine Förderung ist stets an Bedingungen geknüpft.
- Der Förderantrag muss vor dem Beginn der Umsetzung gestellt werden und es sind Energieeffizienz-Expert*innen einzubeziehen.
- Kredite werden über herkömmliche Banken beantragt, Zuschüsse über das KfW-Zuschussportal.

Das Bundesamt für Wirtschaft und Ausfuhrkontrolle (BAFA)
Fördert mit der »Bundesförderung für effiziente Gebäude (BEG)« den Heizungstausch, Maßnahmen zur Heizungsoptimierung, zum Einsatz erneuerbarer Energien, Anlagen zur Kraft-Wärme-Kopplung sowie Energieberatung für Wohngebäude.
- Zuschüsse für Heizungstausch, Heizungsoptimierung, erneuerbare Energien, Kraft-Wärme-Kopplung und Energieberatung
- Zuschüsse sind immer an Bedingungen geknüpft, Förderanträge müssen vor Beginn der Umsetzung gestellt werden.
- Einige BEG-Förderungen sind mit KfW-Förderungen kombinierbar, nicht jedoch mit Steuerermäßigungen.

Die Bundesförderung für effiziente Gebäude (BEG)
Es handelt sich um ein Förderangebot des Bundes für Sanierungs- und Modernisierungsmaßnahmen am Haus. Sie ersetzt viele bestehende Programme zur Förderung von Energieeffizienz und erneuerbaren Energien im Gebäudebereich. Ob Heizungstausch, Lüftungsmaßnahmen oder Ausbau zu einem KfW-Haus: Für alle Maßnahmen gibt es attraktive Fördermittel in Form von Zuschüssen und zinsgünstigen Krediten.
- BEG bündelt mehrere Förderprogramme
- Zuschüsse vom BAFA, Kredite und Zuschüsse von der KfW
- Energieeffizienz-Expert*in in vielen Fällen einzubeziehen
- Förderprogramme grundsätzlich mit anderen kombinierbar
- Ausnahmen für vom Hochwasser betroffene Menschen seit Oktober 2021
- 20 Prozent der Sanierungskosten unabhängig von BEG absetzbar

Auf der **Förderdatenbank** des Bundes erhältst du einen Überblick über Förderprogramme des Bundes, der Länder und der Europäischen Union (**foerderdatenbank.de**).

Auch die **Verbraucherzentralen** stehen bei Fragen zu Fördermöglichkeiten zur Verfügung oder du informierst dich bei einem*r Energieexpert*in oder beim Heizungsinstallationsbetrieb, ob diese Förderanträge direkt für dich stellen können.

Ersparnis CO₂ in kg

Gebäude

	👤	👥	👥👥
Heizungsrohre dämmen	163	205	300
Entlüften der Heizkörper	64	80	117
Heizkörper freihalten	96	120	176
Nachtabsenkung der Heizung	160	200	293
Umwälzpumpe nachts aus	304	304	304
Warmwasserleitung dämmen	320	480	640
Raumtemperatur um 1°C senken	192	240	353
Fenster und Türen abdichten	160	200	293
Rollladen abdichten	160	200	293
Summe	**1619**	**2029**	**2769**

Ersparnis Geld in €

👤	👥	👥👥	
160	204	293	**spart bis 50 %**
146	182	267	**spart 15 %**
116	146	213	**spart bis zu 12 %**
97	121	178	**spart 10 %**
97	121	178	**spart 10 %**
105	157,5	210	**spart 10 %**
61	73	94	**spart 6 %**
49	61	89	**spart 5 %**
49	61	89	**spart 5 %**
880	**1126,5**	**1611**	

Sinne geschärft in der Küche

In der Küche machen uns viele elektrische Helfer das Leben leichter: Der Kühlschrank sorgt dafür, dass frische Lebensmittel nur einen Handgriff entfernt sind und lange haltbar bleiben, und die Spülmaschine nimmt uns das lästige Abwaschen ab. So weit so erfreulich. Aber sie funktionieren nicht ohne Energie. Damit dir die Freude beim Blick auf die Stromrechnung nicht vergeht, findest du im folgenden Kapitel Tipps, wie du in der Küche ganz leicht eine ganze Menge Energie einsparen kannst.

Gekonnt kühlen

Ein unermüdlicher Küchenhelfer ist der Kühlschrank. Rund um die Uhr arbeitet er und sorgt dafür, dass wir kühle Milch, knackiges Gemüse oder Reste vom Vortag griffbereit haben und frisch genießen können – und verbraucht dabei sehr viel Strom.

Mit diesen Kniffen lässt sich der Energiebedarf ganz einfach senken:

Den richtigen Kühlschrank kaufen
Wenn eine Neuanschaffung notwendig ist, achte darauf, einen Kühlschrank mit hoher Energieeffizienzklasse zu kaufen (siehe S. 81). Auch die Größe des Kühlschranks hat einen Einfluss auf den Energieverbrauch. Der Stromverbrauch steigt um zehn Prozent pro 100 Liter Nutzinhalt. Für einen Zwei-Personen-Haushalt reicht ein Kühlschrank mit einem Volumen von 100 bis 160 Liter vollkommen aus.

Den optimalen Standort wählen
Auch Äußerlichkeiten sind wichtig, denn steht der Kühlschrank in einer kühlen Umgebung, sinkt auch sein Energieverbrauch. Das heißt: Stelle den Kühlschrank nicht neben die Heizung oder in die Sonne und achte auf einen Abstand zur Wand von fünf bis zehn Zentimetern. Hast du einen Einbaukühlschrank, achte darauf, dass die Lüftungsschlitze frei bleiben.

Den Kühlschrank richtig einstellen
Das heißt: sieben Grad Celsius für den Kühlschrank, –18 Grad Celsius fürs Gefrierfach. Jedes Grad kälter erhöht den Stromverbrauch laut Faustformel um bis zu zehn Prozent.

… wohin mit meinem alten Kühlschrank?
Wenn dein Kühlschrank schon etwas älter ist, lohnt es sich vielleicht, die alten Dichtungen auszuwechseln. So bleibt die Kälte besser drin und die Wärme draußen. Wenn dein Kühlschrank allerdings schon sehr alt ist (d.h. älter als zehn bis zwölf Jahre), lohnt

es sich, über eine Neuanschaffung nachzudenken. Denn Kühlschränke sind in der Zwischenzeit wesentlich energieeffizienter geworden und der Neukauf wird durch geringere Energiekosten nach einigen Jahren refinanziert.

Stichwort: Zweitkühlschrank
Du hast noch einen alten Kühlschrank im Keller, in dem nur ein paar einsame Flaschen vom letzten Geburtstag stehen? Überlege, ob dieses zweite Gerät wirklich notwendig ist, denn hier lassen sich schnell 50 bis 60 Euro jährlich einsparen.

Kühlschrank abtauen
Taue den Kühlschrank regelmäßig ab. Eine Eisschicht von fünf Millimetern kann den Stromverbrauch um bis zu 30 Prozent erhöhen. Wenn du über längere Zeit verreist, taue deinen Kühlschrank vor dem Urlaub ab und zieh den Stecker. Über übrige Lebensmittel freuen sich Familie, Freund*innen, Nachbar*innen oder du nutzt »Foodsharing« in deiner Nähe: Auf **foodsharing.de** kannst du deine Lebensmittel vor dem Verfall an soziale Einrichtungen oder andere Personen abgeben.

Je voller, desto besser
Ein gut gefüllter Kühlschrank arbeitet effizienter, da die Lebensmittel die Kälte speichern, ähnlich wie Coolpacks.

Tür zu!
Öffne den Kühlschrank so kurz und selten wie möglich. Bevor du an den Kühlschrank gehst, überlege dir, was du dir rausnehmen möchtest. Gleiches gilt für das Einräumen von Einkäufen. Wenn der Kühlschrank gut sortiert ist, findest du leichter, was du brauchst, und kannst die Tür schneller wieder schließen.

Was darf rein?
Ein absolutes Tabu ist es, noch warme Speisen in den Kühlschrank zu stellen. Auch sonst fühlt sich nicht jedes Lebensmittel in jedem Fach wohl, denn oben im Kühlschrank ist es fast sechs Grad wärmer als unten, da kalte Luft absinkt. Deshalb gibt es für jedes Lebensmittel einen passenden Platz. Unter dem Suchbegriff »Kühlschrank organisieren« findest du auf **utopia.de** Infos zur richtigen Lagerung.

Spülmaschine

Abwasch, aber bitte energiesparend
Verschiedene Studien zeigen: Die Geschirrspülmaschine ist umweltschonender und energiesparender als das Abspülen per Hand. Trotzdem lässt sich hier mit der richtigen Bedienung zusätzlich noch einiges an Energie sparen:

Energiespartipps für die Spülmaschine:

- **Nur eine volle Spülmaschine einschalten:** In eine Maschine mit einer Standardbreite von 60 Zentimeter passen etwa 12 bis 15 Maßgedecke, das sind über 120 Teile! Damit dieser Platz auch voll ausgenutzt werden kann, empfiehlt es sich, das Geschirr dicht und systematisch einzuräumen und Sperriges wie Töpfe, Pfannen oder Schüsseln mit der Hand abzuspülen. Schließlich muss die Maschine durch eine volle Beladung seltener gestartet werden und man spart Energie ein.
- **Spülmaschine nicht überladen:** Die Spülmaschine soll so voll wie möglich, aber nicht überladen sein. Sonst werden eng stehende Teller oder Übereinandergestapeltes oftmals nicht richtig sauber und die Maschine muss gleich nochmal laufen.
- **Eco-Programm nutzen:** Klar, das Eco-Programm dauert länger, dafür sparst du Strom und Wasser und das Geschirr wird genauso sauber. Etwa einmal im Monat sollte ein Programm gewählt werden, das mit 60 Grad Celsius spült, um Ablagerungen zu vermeiden.
- **Ausschalten und Standby vermeiden:** Für eine wirklich gute Bilanz muss die Spülmaschine vollständig ausgeschaltet werden, wenn sie gerade nicht läuft.

Jedem Topf sein Deckel

Wie du kochst, beeinflusst deine Energiebilanz. Folgende Tipps helfen dir, beim Kochen im Handumdrehen Energie einzusparen:

- Zwei Drittel Energie sparst du ganz einfach, indem du beim Kochen einen passenden Deckel für den Topf verwendest. Das Sprichwort »Auf jeden Topf passt ein Deckel« gilt aber auch für die passende Herdplatte: Denn ist der Topf zu klein, heizt die Herdplatte in den Raum und die Energie geht verloren. Bei einem Topf, der drei Zentimeter zu klein ist, macht das bis zu einem Drittel der aufgewendeten Energie aus!
- Achte darauf, die Herdplatte nur zum Aufheizen voll aufzudrehen und später auf eine mittlere Stufe zu schalten. Schon einige Minuten vor dem Ende der Kochzeit kannst du den Herd komplett abstellen und das Essen mit der Restwärme fertig kochen.
- Wenn du Wasser im Topf erhitzt, achte darauf, nicht mehr zu kochen als nötig. Einen Tipp zum energiesparenden Einsatz des Wasserkochers findest du auf S. 41.
- Wenn du dein Gemüse dampfgarst statt kochst, bleiben viele wertvolle Vitamine und Mineralstoffe erhalten, da das Gemüse schonender zubereitet wird. Das spart zugleich Energie und ist damit klimafreundlicher. Kartoffeln können beispielsweise in einem Topf mit Deckel in heißem Dampf gegart werden, ein Glas Wasser reicht dazu aus. Oder du investierst in einen Schnellkochtopf, der verbraucht oft rund 50 Prozent weniger Energie als ein herkömmlicher Topf. Und schneller geht's auch.
- Wenn du deine Küche gerade neu einrichtest: Entscheide dich für einen Herd mit einer guten Effizienzklasse (siehe S. 81).

Sinne geschärft in der Küche

Clever backen

Auch beim Backen lässt sich durch ein paar Kniffe Energie sparen. Auf das Vorheizen kannst du zumeist verzichten, nur beim Brotbacken ist ein vorgeheizter Backofen wirklich nötig. Wenn du doch einmal vorheizen musst: unbedingt die leeren Bleche herausnehmen, diese mitaufzuheizen, verbraucht unnötig Energie. Während des Backens solltest du die Ofentür möglichst selten öffnen, damit die Hitze im Ofen bleibt. Kontrolliere den Backfortschritt lieber durch das Ofenfenster. Schalte den Ofen ruhig schon fünf bis zehn Minuten vor der angegebenen Backzeit aus, so sparst du nochmal Energie und verwendest die Restwärme optimal. Oder du nutzt die Restwärme, z.B. um Croutons zu machen. Wenn du schon weißt, dass du an dem Tag noch etwas anderes backen möchtest, dann plane geschickt und backe direkt hintereinander. So kann die Hitze aus dem ersten Backvorgang eingesetzt werden. Noch besser: Du nutzt Umluft statt Ober- und Unterhitze (das allein verbraucht schon etwa 20 Prozent weniger Energie) und backst mehrere Bleche auf einmal. Zuletzt: Es muss auch nicht immer der Ofen sein! Wenn du beispielsweise nur Brötchen aufbacken möchtest, reicht dafür meist der Aufbackaufsatz des Toasters aus. Damit kannst du bis zu 50 Prozent der Energie sparen.

Kochen ohne Herd

Was viele nicht wissen: Der Wasserkocher ist meist effizienter als die (Elektro-)Herdplatte. Erhitze also dein Tee- oder Kaffeewasser im Wasserkocher, das spart Zeit und Energie. Auch Wasser zum Nudelkochen lässt sich prima im Wasserkocher vorkochen. Aber aufgepasst: Hast du ein Induktionskochfeld ist es besser, das Nudelwasser direkt im Topf zu erhitzen.

Ein stark verkalkter Wasserkocher kann die Stromkosten um bis zu 30 Prozent erhöhen. Regelmäßiges Entkalken lohnt sich also.

Besonders für das Aufwärmen kleinerer Portionen ist es sinnvoll, die Mikrowelle zu verwenden, statt den Herd oder den Ofen anzuschalten. Wenn du dir eine neue Mikrowelle kaufen möchtest, achte auf die Auszeichnung mit dem Blauen Engel. Mikrowellen mit dem Blauen Engel haben einen geringen Stand-by-Stromverbrauch und geringe Leckstrahlen. Außerdem haben sie einen besonders hohen Wirkungsgrad: Es wird also ein hoher Anteil der zugeführten Energie (Strom) in nutzbringende Energie (Wärme) umgewandelt. Ein Gerät mit hohem Wirkungsgrad ist also besonders effizient.

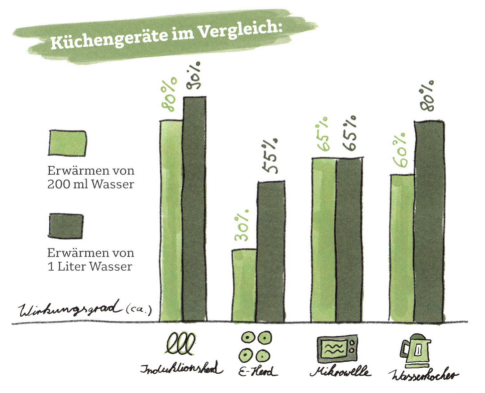

Versteckte Energieräuber

Nicht immer ist offensichtlich, an welchen Stellen Energie verbraucht wird. Oft tummeln sich diese versteckten Energieräuber außerhalb unserer vier Wände. Durch überlegtes Konsumverhalten können wir sie uns aber ganz leicht vom Leib halten.

Feste nachhaltig feiern
Lichterketten und aufwendiges Essen: Feste feiern bedeutet zumeist auch einen höheren Energieverbrauch. Allerdings kannst du auch hier ein paar Dinge beachten:

- Heizpilze sind tabu! Natürlich soll niemand frieren, wenn man nachts noch mit Freund*innen unter dem Sternenhimmel zusammensitzt. Heizpilze verbrauchen aber jede Menge Energie, deshalb: Nächstes Mal lieber Decken verteilen, so wird es gleich noch gemütlicher!
- Auch energieaufwendig hergestelltes Einweggeschirr ist möglichst zu vermeiden.
- Bitte deine Gäste im Vorfeld, Vorratsdosen mitzubringen. Bleibt Essen übrig, kann es so ganz leicht verteilt werden. Damit ist die Energie, die du beim Zubereiten reingesteckt hast, nicht umsonst gewesen und die Gäste sparen sich das Kochen.
- Packe Geschenke in Stoffe oder Tücher ein, das funktioniert innerhalb der Familie (Stichwort: Weihnachten) besonders gut. Je öfter das Geschenke-Tuch zum Einsatz kommt, desto besser seine Energiebilanz. Oder du verschenkst einfach Zeit oder Selbstgemachtes.
- Für schöne Beleuchtung sorgen energiesparende LED- oder Solarlichterketten. Aber auch die müssen nicht durchgehend leuchten. Bringe an Lichterketten Zeitschaltuhren an und schalte auch den Weihnachtsbaum ab, wenn niemand im Raum oder es draußen noch hell ist.

Energiesparen ohne Fleischwaren

Wusstest du, dass du jede Menge Energie sparst, wenn du weniger oder gar kein Fleisch isst? Denn damit reduzierst du den Einsatz von Energie für Futtermittel, den Treibstoffverbrauch beim LKW-Transport, den Strombedarf des Schlachthofs, die Kühlung, die Lagerung bis hin zur Herstellung der Plastikverpackung und Entsorgung derselben.

Saisonal, regional – genial!

Klar, der Griff zu regionalen und saisonalen Lebensmitteln schlägt sich nicht direkt in deiner Stromabrechnung nieder. Dennoch ist es sinnvoll, zu genau diesen Lebensmitteln zu greifen. Warum? Regionale und saisonale Produkte müssen nicht über weite Strecken transportiert werden. Sie werden – anders als andere Lebensmittel – nicht eingeflogen, in Kühlhäusern gelagert oder in beheizten Gewächshäusern angebaut. Wenn du dich also für diese Lebensmittel entscheidest, sparst du Energie an anderer Stelle ein.

Was lange währt, wird immer besser: Amortisation

Umweltfreundliche Angebote sind oft etwas teurer als ihre konventionellen Alternativen. Trotzdem lohnt sich ihre Anschaffung, denn durch eine höhere Qualität können sie viel länger genutzt werden. So fällt die Klimabilanz positiver aus und es werden insgesamt weniger Energie und Ressourcen verbraucht. Außerdem können sie umweltfreundlicher entsorgt werden – ein klarer Vorteil gegenüber nichtnachhaltigen Angeboten. Es gilt: Je länger ein nachhaltiges Produkt in Gebrauch ist, umso mehr freuen sich Geldbeutel und Klima. Denn erst durch die Nutzungsintensität entfaltet auch ein umweltfreundliches Produkt seine nachhaltige Wirkung. Am Beispiel Einkaufstasche lässt sich das Prinzip gut veranschaulichen:

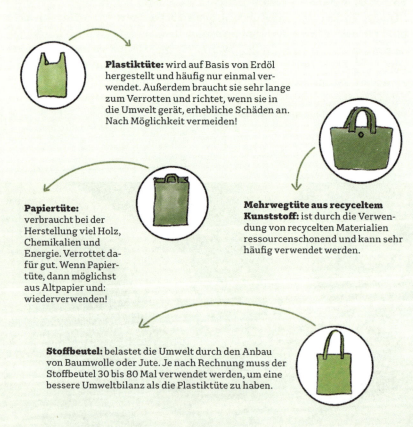

Plastiktüte: wird auf Basis von Erdöl hergestellt und häufig nur einmal verwendet. Außerdem braucht sie sehr lange zum Verrotten und richtet, wenn sie in die Umwelt gerät, erhebliche Schäden an. Nach Möglichkeit vermeiden!

Papiertüte: verbraucht bei der Herstellung viel Holz, Chemikalien und Energie. Verrottet dafür gut. Wenn Papiertüte, dann möglichst aus Altpapier und: wiederverwenden!

Mehrwegtüte aus recyceltem Kunststoff: ist durch die Verwendung von recycelten Materialien ressourcenschonend und kann sehr häufig verwendet werden.

Stoffbeutel: belastet die Umwelt durch den Anbau von Baumwolle oder Jute. Je nach Rechnung muss der Stoffbeutel 30 bis 80 Mal verwendet werden, um eine bessere Umweltbilanz als die Plastiktüte zu haben.

Lifehacks für deine Küche

Meal Prep: einmal kochen, siebenmal essen
Restwärme nutzen für Profis: Einmal die Woche wird groß gekocht und für die kommenden Tage portionsweise in Dosen oder Gläser abgepackt. So wird der Ofen nur einmal aufgeheizt – und man muss auch nur einmal abspülen.
So funktioniert's:
1. Mach dir Gedanken zu deinem Speiseplan
2. Nimm dir Zeit zum Kochen
3. Integriere angebrochene Reste

Kochen mit Kiste
Auch ein vergessener Klassiker kann beim Stromsparen in der Küche helfen: die Kochkiste oder der Kochsack. Die Speise wird wie gewohnt zubereitet, einmal aufgekocht und kommt dann zum Garen in die Kiste. So können rund 30 Prozent Energie gespart werden. Die moderne Variante des Kochsacks transportiert sogar Speisen warm oder gekühlt fürs nächste Picknick in den Park! Weitere Informationen findest du unter **die-geniale-kochkiste.de**, **sanft-garen.de** und **smarticular.net**, Stichwortsuche »Kochsack«.

Den Kühlschrank kühlen
Ein Tipp für absolute Energiesparfüchse: Fülle im Winter alte Tetrapaks mit Wasser und lasse sie draußen gefrieren. Wenn du sie anschließend in das oberste Kühlschrankfach packst, übernehmen sie beim Auftauen etwa die Hälfte der Kühlung und der Kühlschrank verbraucht währenddessen weniger Strom.

Allrounder Nudelwasser
Um Nudeln zu kochen, braucht man einen Liter Wasser pro 100 Gramm – da kommen bei einer Familie schnell vier, fünf Liter Wasser zusammen, welches nach dem Kochen oft im Abguss landet. Das muss aber nicht sein! Du kannst es z.B. zum Spülen und Kochen nutzen, denn die Stärke im Nudelwasser hilft beim Entfernen von Schmutz und ist ein toller Soßenbinder. Außerdem enthält Nudelwasser Mineralstoffe und ist daher zum Pflanzengießen geeignet, sobald es abgekühlt ist.

Ersparnis CO_2 in kg

Küche

	👤	👤👤	👤👤👤👤
Kochen mit Deckel	70	230	380
Durchlauferhitzer abschalten	107	107	215
Toaster statt Backofen	70	141	282
Eierkocher statt Topf	27	27	54
Wasserkocher statt Herd	17	34	67
Gefriertruhe in Keller statt Küche:			
· 60 kWh pro Jahr	1	–	–
· 150 kWh pro Jahr	–	2	–
· 300 kWh pro Jahr	–	–	4
Defekte Dichtung wechseln	34	34	34
Eisfach abtauen	34	34	34
Kühlschranktür schließen	17	17	17
Schnellkochtopf	17	34	67
Kühlschrank während Urlaub aus	7	7	7
Kaffeemaschine statt Wärmeplatte	7	13	27
Summe	**408**	**680**	**1188**

Ersparnis Geld in €

👤	👥	👥👥	
165	200	325	**6 %**
80	80	158	**bis zu 20 %**
52	104	208	**20 %**
20	20	40	**50 %**
12	24	50	**50 %**
			3 %
1	–	–	
–	2	–	
–	–	4	
24	24	24	
20	20	20	**15 bis 45 %**
12	12	12	
12	24	50	**spart 60 %**
4	4	4	**rund 6 %**
4	10	20	**25 %**
406	**524**	**915**	

Läuft's im Badezimmer?

Im Schnitt braucht man pro Kopf 127 Liter Trinkwasser am Tag. Allerdings wird das meiste davon nicht getrunken, sondern zum Duschen oder Baden, Wäschewaschen und für die Toilettenspülung verwendet. Durchschnittlich gehen 14 Prozent des Energiebedarfs eines Haushalts auf das Konto der Warmwasserbereitung. Deshalb ist es vor allem wichtig, warmes Wasser zu sparen. Aber nicht nur das: In den kommenden Monaten und Jahren sollten wir uns an eine mögliche klimawandelbedingte Wasserknappheit anpassen und unseren Wasserverbrauch entsprechend gestalten. Dabei helfen dir folgende Spartipps.

Öfter mal abdrehen

Schon einfache Tipps zum Wassersparen haben eine große Wirkung und machen sich schnell bezahlt – ohne Komfortverlust. Um im Alltag Wasser sparen zu können, ist das Bewusstsein für den sorgsamen Umgang mit dieser Ressource eine wichtige Voraussetzung.

Die besten Wasser- und Energiespartipps für dein Badezimmer:

- Wasch dir kalt die Hände. Du brauchst kein heißes Wasser, um Keime loszuwerden. Die Seife macht's – und die richtige Waschtechnik.
- Wasserhahn im gesamten Haus auf »kalt« stellen, nur bei Bedarf auf »lauwarm« oder »heiß«.
- Den Wasserhahn beim Einseifen, Rasieren oder Zähneputzen abdrehen bzw. einen Zahnputzbecher verwenden.
- Für den Wasserhahn gibt es im Handel auch sogenannte »automatische Wasserstopps«. Diese präzisieren den Wasserfluss, wodurch sich der Wasserverbrauch enorm reduzieren lässt: Fühler zur Seite drücken: Wasser läuft, Fühler loslassen: Wasser stoppt.
- Entkalke die Perlatoren (siehe auch S. 52) z.B. mit Essig oder Zitronensäure (Anleitungen im Internet).
- Eine erfrischende Dusche statt eines Vollbads bringt den Kreislauf auf Trab und ist zudem hautschonender.
- Nutze einen Sparduschkopf. Der kann laut **co2online.de** bei siebenmal duschen pro Woche schon 159 Euro und 282 Kilogramm CO_2 im Jahr sparen. Wenn das Wasser mit Strom erwärmt wird, sind zudem 526 Kilowattstunden Einsparpotenzial drin.
- Warmduscher sparen zehn Prozent Energie bei fünf Grad niedrigerer Wassertemperatur.

WasserCheck

Ist dein Warmwasserverbrauch zu hoch? Das kannst du leicht mit dem »WasserCheck« (**co2online.de**) prüfen. Dort lässt sich der eigene Warmwasserverbrauch mit dem vergleichbarer Haushalte gegenchecken.

Durchflussbegrenzer

Perlstrahler und Durchlaufbegrenzer teilen den Wasserstrahl am Hahn oder mischen dem Wasser Luft bei. Dadurch erhöhen sie den Wasserdruck und die Wasseroberfläche. Bei gleichbleibendem Reinigungskomfort sparst du so ganz leicht Wasser. Ähnlich funktionieren auch Sparduschköpfe.
Durchflussbegrenzer gibt es sowohl für drucklose Speicher als auch für die zentrale Warmwasserversorgung (ab etwa zwei Euro). Sparduschköpfe gibt es ebenfalls online, in Baumärkten oder anderen Fachgeschäften (ab 20 Euro).

Die wichtigsten Fakten auf einen Blick:

- Zeitaufwand Einbau pro Wasserhahn: etwa fünf Minuten
- Kosten für Durchflussbegrenzer pro Wasserhahn: ca. zwei Euro
- Ersparnis pro Jahr: durchschnittlich rund 60 Euro

Richtig bügeln

Stetig wächst der Bügelberg – da hilft oft nur Augen zu und durch. Denn es ist tatsächlich klimafreundlicher, wenn du das Bügeleisen für einen ganzen Wäscheberg verwendest anstatt es immer wieder an- und auszuschalten. Um ständiges Hoch- und Runterregulieren zu vermeiden, kannst du außerdem die Wäschestücke erstmal nach der benötigten Temperaturstufe sortieren – also zuerst die Wäschestücke drannehmen, die wenig Hitze brauchen. Und mit der Restwärme nach dem Ausschalten lässt sich ganz leicht noch etwas fertig bügeln. Du sparst außerdem Zeit und Energie, wenn in der Wäsche noch etwas Restfeuchte enthalten ist. Vielleicht prüfst du in Zukunft auch, ob das Bügeln überhaupt sein muss. Denn bei vielen Textilien reicht es, sie nach dem Schleudern einfach auf einen Bügel zu hängen und trocknen zu lassen. Und auch dein Bügeleisen braucht Pflege – es ist wie beim Wasserkocher: Kalk erhöht den Stromverbrauch massiv, also entkalke regelmäßig.

Läuft's im Badezimmer?

Mit allen Wassern gewaschen

Die Waschmaschine ist ein großer Energieverbraucher im Haushalt. Strom sparen beim Wäsche waschen liegt aber nicht alleine an der Energieeffizienz der Geräte. Dein Nutzungsverhalten kann für weiteres Einsparpotenzial sorgen. Wie das geht, liest du hier.

Fakten zur Waschmaschine auf einem Blick:

- **Auf die richtige Temperatur kommt es an:** Beim Wäschewaschen spart das 30- oder 40-Grad-Programm für normal verschmutzte Wäsche rund die Hälfte der Energie gegenüber dem 60-Grad-Programm. Die Wäsche wird mit herkömmlichen Waschmitteln heutzutage auch bei niedrigen Temperaturen sauber, beachte die Gradangaben auf der Packung. Niedrige Temperaturen lassen sich besonders gut mit dem Eco-Programm kombinieren, denn dann hat das Waschmittel Zeit einzuwirken.
- **Die Dosis macht's:** Moderne Waschmaschinen erkennen häufig, wenn zu viel Waschmittel verwendet wurde und gleichen das durch zusätzliche Spülgänge und höhere Wassermengen aus. Dadurch dauert aber der Waschvorgang unnötig lange – und braucht mehr Energie. Es lohnt sich also, die Dosierungsanleitung auf den Waschmitteln zu beachten.
- **Das Vorwäsche-Programm:** Normal verschmutzte Alltagstextilien werden in jeder modernen Waschmaschine auch ohne Vorwäsche sauber. Lediglich bei sehr schmutziger Wäsche kann die Vorwäsche sinnvoll sein.
- **Das richtige Programm:** Moderne Waschmaschinen verfügen oft über sogenannte Kurzwaschprogramme. Allerdings sparst du auf diese Weise keine Energie: Beim Kurzwaschprogramm muss die Maschine das Wasser viel mehr aufheizen, um dasselbe Waschergebnis zu erzielen. Wenn du auf schnelle Waschgänge verzichtest, kannst du bis zu 50 Prozent der Energie für einen Waschgang sparen.

Wäsche richtig trocknen

Die Sache ist relativ einfach: Am meisten Energie sparst du, wenn du deine Wäsche an der frischen Luft bzw. in der Sonne trocknen lässt. Die Sonne ist ohnehin sehr hilfreich: Das UV-Licht kann nicht nur Flecken ausbleichen, sondern tötet Keime und sogar Milben und deren Nachwuchs.

Am besten funktioniert Wäschetrocknen auf der Leine im Garten, auf dem Balkon oder in einem Trockenspeicher oder -keller. Entscheidet man sich doch für einen Wäschetrockner, sollte dieser auf jeden Fall eine gute bis sehr gute Energieeffizienzklasse (S. 81) aufweisen. Mit den Tipps auf der folgenden Seite wird der Gebrauch des Trockners etwas klimafreundlicher.

Die wichtigsten Fakten zum Trockner:

- Wann immer es geht, sollte die Wäsche auf die Leine oder den Wäscheständer. Bei Gebrauch des Trockners nur zwei Mal wöchentlich statt täglich verringern sich die Stromkosten von 180 Euro auf 50 Euro im Jahr.
- Benutze den Trockner erst, wenn du genügend Kleidungsstücke zusammen hast.
- Je kräftiger die Wäsche geschleudert ist, also z.B. mit 1.400 statt 800 Umdrehungen, desto weniger Strom braucht anschließend der Trockner, genauer gesagt ein Drittel weniger, und für die Waschmaschine macht es fast keinen Unterschied.
- Besonders effizient wird die Angelegenheit, wenn du Sachen mit ähnlichem Trocknungsverhalten trocknest.
- Bist du in den Regen gekommen? Oftmals reicht Aufhängen aus.
- Das Flusensieb sollte stets sauber sein, sonst dauert das Trocknen länger.
- Wenn es ein ECO-Programm gibt, nutz es! Du kannst damit bis zur Hälfte an Strom sparen.

Lifehacks

Bügeln leicht gemacht

Der Alutrick: Lege Alufolie unter das Kleidungsstück. Die Folie reflektiert die Hitze auf der Rückseite der Kleidung. Du kannst so nahezu zwei Seiten auf einmal bügeln. Schau dir im Internet an, wie's geht.

Gute Gesellschaft im Trockner

Deine Wäsche wird im Trockner einfach nicht trocken? Dann benötigt die nasse Wäsche nur die richtige Gesellschaft. Leg ein trockenes Handtuch mit in den Trockner und du wirst sehen, dass sich die Feuchtigkeit deutlich verringert. Damit das richtig funktioniert, solltest du das Handtuch allerdings nach spätestens 20 Minuten wieder herausnehmen.

Richtige Füllmenge

So findest du die richtige Füllmenge für deine Waschmaschine (bei einem normalen Waschgang): eine hochgestellte, gespreizte Hand sollte noch oberhalb der Wäsche in die Trommel hineinpassen. Natürlich nur im Rahmen der in der Bedienungsanleitung oder auf dem Display angegebenen Belademenge. Bei Fein- oder Wollwäsche füllst du die Waschtrommel am besten sogar nur maximal bis zur Hälfte bzw. zu einem Drittel.

Der Salatschleuder-Trick

Du hast die Unterwäsche oder den Badeanzug schnell per Hand gewaschen? Schleudere die Teile vor dem Aufhängen in der Salatschleuder, so trocknet alles schneller.

Ersparnis CO$_2$ in kg

Bad

	👤	👥	👨‍👩‍👧‍👦
Duschen statt Baden	310	620	1240
Sparduschkopf verwenden	230	460	770
Waschmaschine ganz befüllen	138	276	552
Wäscheleine statt Trockner	119	237	474
Waschtemperatur reduzieren	43	43	43
Auf Vorwäsche verzichten	30	59	119
Summe	**870**	**1695**	**3198**

Ersparnis Geld in €

👤	👥	👥👥	
65	130	260	**75 %**
200	400	660	**50 %**
102	204	406	**% abhängig von der Füllmenge**
88	174	350	**bis zu 100 %**
41	82	162	**spart bis 40%**
22	44	88	**15 %**
518	**1034**	**1926**	

Büro und Digitales auf dem Schirm

Viele von uns verbringen unter der Woche fast die Hälfte ihrer Zeit im Büro bzw. am Arbeitsplatz – deshalb bietet sich hier ein enormes Potenzial zur Energieeinsparung. Dafür helfen schon viele kleine Schritte, die jede*r von uns tagtäglich umsetzen kann: sei es beim Umgang mit Hardware, Software oder bei der Büroausstattung und -einrichtung.

Green Office

Um am Arbeitsplatz Energie zu sparen, lohnen sich oft auch schon einfache Maßnahmen, die deinen Verbrauch reduzieren, ohne dich im Arbeitsalltag einzuschränken.

So gestaltest du dein Büro energieeffizient:

Die richtige Hardware

Zum Arbeiten genügt oft ein stromsparender Kompakt-PC bzw. Thin Client. Diese sind lüfterlos, arbeiten auf Basis eines Servers und haben keine eigene Festplatte. Auch Laptops sind deutlich sparsamer als klassische Computer. Beim Kauf eines Monitors lohnt es sich, den Stromverbrauch zu vergleichen. Kleinere Monitore sind dabei oft die bessere Wahl. Selbst bei Routern gibt es energiesparende Varianten. Bei diesen lässt sich das WLAN separat deaktivieren. So bleibt die Telefonanlage nach Feierabend in Betrieb, das nicht mehr benötigte Funknetz hingegen wird abgestellt.

Potenzial zum Sparen

Je dunkler der Bildschirm ist, desto weniger Energie wird verbraucht. Du kannst an jedem Computer die Bildschirmhelligkeit ganz einfach regulieren und an aktuelle Lichtbedingungen anpassen. Schon die Reduzierung der Helligkeit um 30 bis 50 Prozent spart fünf bis zehn Watt bei der Stromaufnahme. Mit einem schnellen Klick kannst du Programme und Anwendungen, die im Hintergrund laufen, schließen und Energie sparen. Und wenn du das Abonnement von ungelesenen Newslettern beendest, sparst du neben Energie auch Zeit. Genauso versteckt ist der Energieverbrauch von Ladekabeln, die du in der Steckdose lässt. Denn selbst wenn nichts lädt, fließt immer Strom durch den Transformator im Netzteil. Und schließlich: Bei Pausen von mehr als 30 Minuten ist es ratsam, PC und Monitor auszuschalten bzw. eine schaltbare Steckerleiste zu betätigen. Bei kurzen Pausen lohnt es sich, zumindest den Bildschirm auszuschalten. Das kann allein schon bis zu 90 Prozent an Strom einsparen!

Grüner drucken

Laserdrucker benötigen deutlich mehr Energie als Tintenstrahldrucker. Ein Multifunktionsgerät braucht weniger Strom als ein Drucker, ein Scanner und ein Kopierer als einzelne Geräte. Zudem verfügen viele Drucker über Eco-Einstellungen. In der Gebrauchsanweisung oder im Internet findest du Anleitungen, wie dein Drucker sich energiesparend betreiben lässt. Manchmal reicht es auch, ein Dokument direkt am Computer zu bearbeiten, zu verschicken oder zu lesen, statt es auszudrucken.

Behalte den Durchblick
Wenn du deinen Schreibtisch so positionierst, dass die Sonne ausreichend Licht spendet, kannst du getrost das Licht im Zimmer und auf dem Schreibtisch ausknipsen. Das Gute daran: Die Sonne schickt keine Rechnung. Für Räume, die nicht ständig genutzt werden, sind Bewegungsmelder eine praktische und klimaschonende Lösung. Abends hat auch das Licht Feierabend. Damit das nicht vergessen wird, reicht oft ein einfaches Schild »Licht aus«.

Wohlfühlplatz
Das optimale Arbeitsklima liegt zwischen 20 und 23 Grad. Bevor man die Heizung oder Klimaanlage höherstellt, lieber doch erst mal die Strickjacke an- bzw. ausziehen. Drei bis vier Mal am Tag können Fenster komplett für fünf bis zehn Minuten geöffnet werden, um frische Luft und Sauerstoff reinzulassen.

Kaffeeautomaten und Wasserkocher effizient nutzen
Kaffeevollautomaten brühen nicht nur leckeren Kaffee, sondern lassen sich auch energiesparend programmieren. Dabei wird verhindert, dass durchgehend heißes Wasser verfügbar ist, obwohl es gar nicht gebraucht wird. Wenn du lieber Tee statt Kaffee trinkst, kannst du Energie sparen, indem du nur so viel Wasser kochst, wie du tatsächlich brauchst.

Geschäftsreisen organisieren
Statt ewig unterwegs zu sein für ein zweistündiges Meeting, können viele Dinge auch gut über Telefon- oder Videokonferenzen besprochen werden. Das spart jede Menge Zeit, Energie und CO_2. Wenn du aber tatsächlich mal vor Ort sein musst, ist die Bahn die beste Alternative. Anders als im Auto kannst du hier noch arbeiten. Im Vergleich mit Auto und Flugzeug hat die Bahn zudem die bessere CO_2-Bilanz.

Versteckte Energieräuber

Wie schon in der Küche ist auch im Büro nicht immer offensichtlich, wo noch Energie verbraucht wird. Oft tummeln sich versteckte Energieräuber im Arbeitsalltag. Durch überlegtes Konsumverhalten können wir sie uns aber ganz leicht vom Leib halten.

So funktioniert's:

- **Nutze lieber Papier aus Papier:** Die Herstellung von Papier ist sehr energieintensiv, deshalb kann ein überlegter Umgang damit einiges bewirken. Recyclingpapier besteht zu großen Teilen aus aufbereiteten Fasern aus Altpapier und ist daher die klimafreundlichste Wahl. Alternativ ist auch dünneres Papier sparsamer: Es macht schon einen Unterschied, wenn du Papier mit einer Grammatur von 75 g/m² statt den meist üblichen 80 g/m² nutzt. Beim Drucken bewirkt es außerordentlich viel, doppelseitig zu drucken. Dies kann als Standardeinstellung am Drucker eingestellt werden. Darüber hinaus können für private Dokumente zwei Seiten auf eine gedruckt werden. Fehldrucke finden als Schmierpapier eine neue Verwendung, geschreddertes Papier als Verpackungsmaterial.
- **Mehr Nachhaltigkeit anstiften:** Nachhaltige und nachfüllbare Büromaterialien sind umweltfreundlicher, ressourcenschonender und weniger energieintensiv in ihrer Herstellung. Mit Textmarkern aus recyceltem Kunststoff oder Buntstiften statt Textmarkern lässt sich (mindestens) genauso gut arbeiten.
- **Plastik oder Porzellan?** Im schnelllebigen Büroalltag fällt der Griff zu Verpackungen, die später in der Tonne landen, relativ leicht: Plastiktüten, Coffee-to-go-Becher, Take-away-Boxen und Einwegflaschen. All das ist in der Herstellung energieintensiv, wird aber nur einmal verwendet. Besser ist es daher, für Take-away-Essen eigene Behälter mitzubringen, in die das Essen gefüllt werden kann. Wer sich etwas von daheim mitnehmen möchte, ist mit Brotzeitboxen oder Mehrweggläsern besser beraten als mit Frischhalte- oder Alufolie. Mehr zu »Mealprepping« findest du auf S. 45.

Smartphone

Wenn du daheim bist oder an einem anderen Ort sicher ins WLAN gehen kannst, statt mobile Daten in Anspruch zu nehmen, lohnt sich das in puncto Energiesparen. Zudem kannst du, wie auch beim Computer, eine klimaschonende Suchmaschine nutzen. Ganz wichtig außerdem: Trenne das Ladegerät vom Stromnetz, wenn gerade nicht geladen wird. Steckt das Netzteil in der Steckdose und bleibt warm, obwohl kein Smartphone angeschlossen ist, fließt nämlich trotzdem sogenannter Leerstrom. Auch dein Handy hat einen Energiesparmodus, der die Akku-Laufzeit erhöhen soll. Darin inbegriffen ist das Drosseln der Bildschirmhelligkeit sowie das Pausieren von Hintergrundaktivitäten, wie z.B. Updates von Apps. Unterwegs laden kannst du klimafreundlich, z.B. mit einer Solar-Powerbank.

Damit das Zocken keine Abzocke wird

»Gaming«, das Spielen von digitalen Spielen auf PCs, Konsolen, Tablets oder Smartphones, gehört für viele Menschen zum Alltag. Besonders Online- oder Cloud-Games, die über Streaming-Dienste angeboten werden, sind sehr energieintensiv. Der Vorteil für Spieler*innen ist, dass sie auf leistungsschwächeren Geräten von überall gespielt werden können, auch auf dem Smartphone oder Tablet.

Mit folgenden Tipps spielst du klimafreundlicher:

- Schließe Programme, die du nicht nutzt (auch Internet oder Bluetooth) und verzichte auf einen Bildschirmschoner.
- Eine etwas geringere Bildqualität mindert den Spielspaß nicht.
- Nutze den Energiesparmodus, den du in den Einstellungen findest. Er schickt das Gerät schneller in den Ruhemodus, senkt die Bildschirmhelligkeit und vieles mehr.
- Wähle das Gerät zum Gamen nach deinem Bedarf: Laptops verbrauchen meist viel weniger als Konsolen oder die verbrauchsstarken Desktop-PCs.
- Investiere in hochwertige, energieeffiziente Prozessoren und Grafikkarten.
- Netzteil und Gaming-System sollten zusammenpassen. Effiziente Netzteile sparen bis zu 13 Prozent Strom.

E-Book oder gedrucktes Buch: Was ist nachhaltiger?

Sowohl der Buchdruck als auch die E-Reader-Produktion hinterlassen einen großen ökologischen Fußabdruck. Ein Vergleich ist methodisch allerdings nur bedingt möglich, da die Lieferketten sehr komplex sind. Ganz allgemein ist festzustellen: Bei der E-Reader-Produktion ist der Bedarf an fossilen Brennstoffen und an seltenen Metallen sehr hoch – für die Produktion von gedruckten Büchern werden enorme Mengen an Papier und Wasser verbraucht. Bei der E-Reader- und Tablet-Produktion schlagen zusätzlich negativ zu Buche: die in sozialer Hinsicht katastrophalen Abbaubedingungen von Rohstoffen wie Tantal oder Lithium sowie die teils unwürdigen Arbeitsbedingungen in Fernost, wo der Großteil der Lesegeräte hergestellt wird. Wichtig für den Vergleich ist auch die Nutzungsdauer: Bücher sind wesentlich langlebiger als elektronische Lesegeräte. Ihre Lesbarkeit ist unabhängig von einer Soft- und Hardwareumgebung; nach der Herstellung verbrauchen sie außerdem keine Energie und Ressourcen mehr. Wer allerdings ein*e »Viel-Leser*in« ist und mehr als 20 Bücher à 250 Seiten pro Jahr liest, für den kann aus ökologischer Perspektive das E-Reading eine sinnvolle Alternative zum gedruckten Buch sein – vorausgesetzt, man schafft sich nicht alle zwei Jahre das Nachfolgemodell des E-Readers an.

Klimafreundlicher fernsehen

Fernseher

Beim Kauf eines neuen Geräts solltest du die Energieeffizienzklasse im Blick haben (siehe S. 81). Wenn du zusätzlich auf Siegel, wie z.B. das Blauer-Engel-Umweltzeichen, das TÜV-Rheinland-Green-Product-Mark-Siegel, oder das EU-Energielabel achtest, machst du schon viel richtig. Die Größe des Geräts sollte außerdem zu deiner Wohnsituation passen. Als Faustformel gilt: Die Diagonale des Bildschirms darf so groß sein wie ein Drittel des Abstands zwischen dir und dem Gerät. Eine Reduktion der Helligkeit und des Kontrasts sowie die Wahl eines Fernsehers mit LED- oder OLED-Beleuchtung statt der LCD-Beleuchtung spart ganz klar Energie. Um auch noch indirekt Strom durch Rechenzentren und Co. zu sparen, solltest du bei der Bildqualität HD statt Ultra HD oder 4K wählen und den Fernseher nicht im Standby-Betrieb lassen.

Streaming

Laut einer Umfrage nutzen rund die Hälfte aller Deutschen einen kostenpflichtigen Streaming-Dienst. Das scheint auf den ersten Blick eine erfreuliche Nachricht für das Klima zu sein, wenn man die Alternativen DVD und Blu-ray betrachtet. Es stimmt, dass DVDs durch Transport, Herstellung etc. Ressourcen verbrauchen und Emissionen verursachen. Doch auch Streaming-Dienste wie Netflix oder Amazon Prime verursachten 2018 ca. 100 Millionen Tonnen CO_2 – vor allem durch den Verbrauch von Strom. Dabei spielt auch die Videoqualität eine große Rolle. Denn je hochauflösender ein Video ist, desto mehr Strom wird verbraucht. Ungefähr lässt sich sagen, dass eine Sendung einer DVD per Post denselben Ausstoß erzeugt wie ein einmaliger Stream des Films. Kaufe oder lade daher deinen Lieblingsfilm herunter und überlege dir beim Stream, ob es wirklich die 4K-Qualität, also die besonders hohe Auflösung, sein muss. Schau doch mal bei der Bibliothek an deinem Wohnort vorbei – auch die hat sicher eine große Auswahl an Filmen zur Ausleihe parat!

Ersparnis CO$_2$ in kg

Büro und Digitales	👤	👥	👥👥
Bewegungsmelder installieren	102	102	130
Standby aus bei:			
· PC, Monitor, Drucker	34	34	34
· Stereoanlage	50	50	50
· Fernseher	47	47	47
· Satellitenanlage	32	32	32
· WLAN-Router	37	37	37
· Handy-Ladegerät	0,4	0,4	0,4
Laptop statt Desktop-PC	37	75	126
Streaming statt TV pro Stunde	7,5	7,5	7,5
Buch ausleihen statt kaufen	0,4	0,4	0,4
Täglich auf 15 Google-Suchanfragen verzichten	0,7	0,7	0,7
Summe	**348**	**386**	**465**

Ersparnis Geld in €

👤	👥	👥👥	
55	109	218	**bis zu 90 %**
			allg. 8 %
14	14	14	
20,5	20,5	20,5	
20	20	20	
13	13	13	
35	35	35	
0,5	0,5	0,5	
32	65	130	**bis zu 90 %**
18	18	18	**8 %**
18	18	18	**bis zu 100 %**
0,6	0,6	0,6	
226,6	**313,6**	**487,6**	

Geräte clever nutzen

Sei es das Licht, der Toaster, das Handy oder der Fön – all diese Geräte verbrauchen Strom. Kein Wunder, dass in deutschen Haushalten ein Großteil des Stromverbrauchs auf die Nutzung von Haushaltsgeräten entfällt. Du musst aber nicht im Dunkeln sitzen oder dein Brot ungeröstet essen, denn oftmals verbrauchen unsere Geräte mehr Strom als nötig. Die folgenden Tipps helfen dir dabei, deinen Stromverbrauch in den Griff zu bekommen und gleichzeitig die Kosten zu minimieren.

Goodbye Stand-by

Wenn es dämmert, treten sie in Erscheinung: rote und grüne Leuchtdioden, die »Ich bin bereit« signalisieren. Vor allem ältere Geräte verbrauchen im Standby-Modus völlig unnötig Strom. Da kommen pro Haushalt über 100 Euro im Jahr zusammen. Übliche Kandidaten sind Fernseher, Musikanlagen, Drucker und Router. Dagegen helfen Steckdosenleisten mit Schalter, smarte Stecker (mehr auf S. 83) – oder einfach den Stecker ziehen. Das gilt übrigens auch für Ladekabel, an denen keine oder voll geladene Geräte angeschlossen sind, denn auch diese verbrauchen Strom. Zudem können manche Akkus durch Überladen kaputtgehen. Ein Klassiker sind auch Ladegeräte von elektrischen Zahnbürsten – in vielen Haushalten hängen sie immer an der Steckdose: In einem 4-Personen-Hauhalt können allein hier schnell um die 15 Euro im Jahr entstehen.
Mit einem Messgerät kommst du den Stromfressern auf die Spur. Ein solches Gerät ist in jedem Baumarkt erhältlich und häufig auch bei Energieberatungsstellen auszuleihen. Geh auf die Pirsch!

Stromverbrauch gecheckt

Wenn du wissen möchtest, ob du zu viel Strom verbrauchst, zeigt dir der »StromCheck« (**heizspiegel.de**), wo du mit deinem Stromverbrauch und deinen Kosten im Vergleich zu Durchschnittshaushalten liegst.

Stromspar-Check der Caritas und des Bundesverbands der Energie- und Klimaschutzagenturen

Menschen mit geringem Einkommen, niedriger Rente oder im Bezug von Leistungen wie »Hartz IV« (Arbeitslosengeld II) oder Sozialhilfe treffen Preissteigerungen im Energiesektor besonders hart. Ein kostenfreier »Stromspar-Check« hilft sofort, man spart schnell 100 bis 300 Euro oder mehr pro Jahr. Kostenlose Soforthilfen und eventuell einen Zuschuss von mindestens 100 Euro zum Austausch von Kühlschrank oder Gefriertruhe gibt's obendrein. **stromspar-check.de**

Rund um LEDs

Im Folgenden findest du die wichtigsten Fakten rund um Leuchtdioden (LEDs) auf einen Blick – für dein schön ausgeleuchtetes Zuhause.

Über 80 Prozent sparsamer
Wenn du alte Glühbirnen gegen LEDs tauschst, kannst du laut Öko-Institut bis zu 80 Prozent deines Stromverbrauchs für die Beleuchtung sparen. Angenommen, du würdest heute eine 60-Watt-Glühbirne gegen eine LED austauschen, hättest du nach einem Jahr etwa 16 Euro gespart, bei einer 45-Watt-Halogenlampe 11 Euro im Jahr.

Gute Brenndauer
Einige Hersteller von LED-Lampen werben mit bis zu 50.000 Stunden Brenndauer. Durchschnittlich halten die meisten LEDs aber zwischen 20.000 und 25.000 Stunden – und könnten damit über zwei Jahre pausenlos Licht abgeben.

Smarter Einsatz möglich
LEDs sind in Smart-Home-Systemen einsetzbar. Mehr zum Thema Smart-Home findest du auf S. 82.

Die gängigsten Fassungen
Die dicken Schraubsockel E27 und die dünneren E14, beide mit Gewinde, waren die Standardfassungen für Glühbirnen. Die meisten Glühbirnen mit E27 und E14 können problemlos durch passende LED-Lampen ersetzt werden.

Achtung Energieeffizienzklasse
Genau wie bei anderen elektrischen Geräten muss die Energieeffizienz von Leuchtmitteln mit dem EU-Energielabel ausgewiesen werden (siehe S. 81). Die meisten LEDs, die es im Handel zu kaufen gibt, fallen aktuell in die Klasse D und E. Das heißt jedoch nicht, dass diese LEDs ineffizient sind, sondern lässt Luft nach oben für die Entwicklung noch besserer Modelle. Ein paar LEDs, die mit der Klasse A ausgezeichnet sind, gibt es sogar bereits: Etwa acht Euro muss man pro Stück einrechnen. Aktuell werden diese jedoch primär im Gewerbe eingesetzt. Die Klassen D und E sind für Zuhause in Ordnung und schon für einen Euro erhältlich.

Checkliste für deinen individuellen LED-Kauf: Das steckt hinter Kürzeln

- **Lumen (lm)** gibt den Lichtstrom und so die Helligkeit an. Je höher die Lumenzahl, desto heller ist das Licht.
- **Kelvin (K)** ist der Wert für die Farbtemperatur. Je höher die Kelvinzahl, desto kühler wirkt das Licht.
- **Die Lichtfarbe in Kelvin (K)** reicht von extra warm-weiß mit etwa 2.000 bis 2.500 K, über neutralweiß bei etwa 4.000 K, bis hin zu tageslicht-weiß mit 6.500 bis 8.000 K. Je höher die Zahl, desto größer ist der konzentrationsfördernde Blauanteil und desto natürlicher die Farbwiedergabe.
- **Der Farbwiedergabeindex (CRI)** sagt etwas über den Farbreiz und den Farbeindruck des Lichts aus. Je höher der CRI, desto natürlicher sind die Farben.

Exkurs: Lampe, Leuchte, Birne – was ist eigentlich was?

Die Lampe ist das, was umgangssprachlich oft als »Birne« bezeichnet wird – nämlich das Licht abgebende Leuchtmittel. Die Leuchte beinhaltet eine oder mehrere Lampen und setzt durch Form, Lampenschirm oder Ausrichtung gestalterische Akzente. Merksatz: Der Sockel der Lampe wird in die Fassung der Leuchte geschraubt.

Versteckte Energiefresser enttarnt!

Leihen statt kaufen
Hammer und Schraubenzieher sind in jedem Haushalt von Nutzen. Wer öfter selbst werkelt, hat auch gerne Säge und Schleifgerät zur Hand. Doch bei Fliesenschneider und Dampfreiniger lohnt sich die Anschaffung in den meisten Fällen nicht. Werkzeug und Geräte, die man selten nutzt, kann man stattdessen auch ausleihen.
So nehmen sie keinen Platz weg und du bekommst immer den neuesten, effizientesten Stand der Technik. Zu leihen gibt es fast alles: vom Tapeziertisch über den Elektrotacker bis hin zum Bohrhammer. Frag einmal deine Nachbar*innen, erkundige dich im Baumarkt vor Ort oder suche auf der Plattform Pumpipumpe (**pumpipumpe.ch**) nach Gleichgesinnten in deiner Nähe. Ausleihen spart allemal viel Energie, denn wenn viele Menschen ein Gerät teilen, erhöht sich dessen Auslastung und es müssen insgesamt weniger Geräte produziert und danach wieder entsorgt werden.

Akkus und Batterien meiden
Auch wenn die wiederaufladbaren Akkus durch ihre längere Lebensdauer deutlich umweltfreundlicher sind als Wegwerf-Batterien, ist und bleibt es die beste Lösung, gar keine Batterien und Akkus zu benutzen. Batterien benötigen für ihre eigene Herstellung 40- bis 500-mal mehr Energie, als sie bei der Nutzung später zur Verfügung stellen. Ähnlich ungünstig sieht es mit den Kosten für die Energie aus. Kaufe deshalb lieber batteriefreie und netzbetriebene Geräte. Denn auch die Herstellung von Akkus verbraucht viel Energie und belastet die Umwelt. Außerdem müssen auch Akkus irgendwann entsorgt werden und können dabei giftige Stoffe freigeben. Entsorge deine Altbatterien und Altakkus deshalb sachgerecht in Sammelboxen, z.B. in Läden, oder bei kommunalen Sammelstellen.

Energieeffizienzklassen für Geräte

Achte am besten schon beim Kauf von Elektrogeräten auf den Stromverbrauch. Manches vermeintlich günstige Schnäppchen entpuppt sich durch hohe Betriebskosten leider als Strom- und Geldfresser. Energieeffiziente Geräte sind mit einem Etikett versehen, das den Energiebedarf in verschiedenen Energieverbrauchsklassen angibt.

Da Anfang 2021 eine neue Skala zur Bewertung der Effizienz von Elektrogeräten eingeführt wurde, tragen die am besten ausgezeichneten Geräte neuerdings ein B. So soll für Herstellende der Anreiz entstehen, ihre Geräte effizienter zu machen, um in Zukunft die Anforderungen von Energieeffizienzklasse A zu erreichen. Du planst einen Neukauf? Dann schaue doch mal auf Vergleichsportale wie **ecotopten.de** oder **spargeraete.de**: Nicht nur die Anschaffungskosten werden dargestellt, sondern auch die Energiekosten für ein Jahr. Der Blaue Engel bezieht auch das Thema Recycling in die Energieeffizienz mit ein (**blauer-engel.de** > Produktwelt).

Smart-Home – das clevere Zuhause!

Gute Smart-Home-Lösungen können helfen, den eigenen Stromverbrauch stark zu reduzieren. Dabei kommunizierst du beispielsweise per Smartphone mit einzelnen Komponenten bzw. Geräten in deiner Wohnung. Auf diese Weise kann das Ein- und Ausschalten der Heizung bis zur Kaffeemaschine genau gesteuert und an den eigenen Bedarf angepasst werden. So kann die Heizung beispielsweise hochgefahren werden, bevor du zum Feierabend nach Hause kommst. Auch die Beleuchtung lässt sich anhand der An- und Abwesenheit von Personen automatisch regulieren. Das ist vor allem in Räumen praktisch, die nur kurz benutzt werden – etwa im Flur oder in der Vorratskammer. Über Apps lassen sich die Lichter auch unterwegs regulieren. Der Nachteil von Smart-Home-Systemen: Durch die Vernetzung mit dem Internet und den ständigen Bereitschaftsdienst der smarten Lampen kann der Stromverbrauch erst recht steigen. Setze also die smarte Technik sinnvoll ein, indem du z.B. energiesparende Lichtstimmungen vorprogrammierst. Auch ist nicht jede technische Ausrüstung automatisch energieeffizient (siehe S. 86)!

Ein smartes Zuhause erfordert eine zielgerichtete Umsetzung, damit bis zu 15 Prozent an Energie eingespart werden können. Vor allem in Bezug auf Umweltschonung sollte bedacht werden, dass die Herstellung der Geräte auch Ressourcen benötigt. Letztendlich ist ein Umstieg am sinnvollsten in Kombination mit Ökostrom.

Smarte Stecker

Wer einen Einstieg ins Thema Smart-Home sucht, für den sind smarte Steckdosen eine gute Sache. Sie sind für kleines Geld (ab zehn Euro) zu haben und bringen schnell einen Effekt. So gut wie jedes Gerät lässt sich intelligent steuern, indem es der Stecker vor Ort per Sprachsteuerung oder von unterwegs per App an- und ausschaltet. Zeitschaltungen sind ebenfalls möglich. Das lohnt sich bei Geräten, die zu fixen Zeitpunkten genutzt werden, wie etwa Klimaanlagen. Viele smarte Stecker zeigen den Stromverbrauch von Geräten in Echtzeit und im Zeitverlauf an. Das erlaubt einen Überblick über den Verbrauch unterschiedlicher Geräte – auch wenn sie im Standby-Betrieb sind. Stromsparpotenziale sind so im Nu aufgedeckt.

Diese Punkte solltest du beim Kauf bzw. bei der Inbetriebnahme beachten:

- Smarte Steckdosen verbinden sich in der Regel mit einer WLAN-Frequenz von 2,4 GHz. Falls dein Router in einer anderen Frequenz sendet, ist eine Umstellung der WLAN-Stärke notwendig.
- Geräte, die über smarte Steckdosen gesteuert werden, bleiben immer angeschaltet. Die eigentliche An- und Ausschaltung erfolgt über die smarte Steckdose. Wenn du das Gerät direkt ausschaltest, hat die Steckdose keinen Zugriff.
- Nicht jede smarte Steckdose ist kompatibel mit allen Betriebssystemen bzw. den verschiedenen Versionen. Ob Android oder iOS: Achte also darauf, ob die Steckdose zu deinem Handy passt.

Smart Meter

»Smart Meter« sind intelligente Stromzähler und bestehen aus einem digitalen Stromzähler und einem Kommunikationsmodul. Sie können Daten senden und empfangen. Auf diese Weise müssen Zähler nicht mehr abgelesen werden, sondern senden deine Verbrauchsdaten direkt an deinen Stromanbieter (bzw. Messstellenbetreibende (*)). Das Empfangen der Daten ist für Eigentümer*innen von Photovoltaikanlagen besonders wichtig. So kann der eigens produzierte Ökostrom direkt zu einem Stromverbraucher (wie etwa einer Ladestation für E-Autos) gesendet werden, wodurch sich bei Sonnenschein und hoher Stromproduktion der Eigenverbrauch steigern lässt. Besonders nützlich sind Smart Meter aber bei der Suche nach versteckten Einsparpotenzialen: Indem man den Stromverbrauch beispielsweise über ein eigenes Display oder eine App sekundengenau im Zeitverlauf einsehen kann, lassen sich leicht Rückschlüsse auf einzelne Geräte treffen. Auch die Grundlast lässt sich prüfen. Diese macht im Haushalt rund 20 Prozent des Stromverbrauchs aus und meint den Verbrauch, der immer anfällt, also z.B. durch den Kühlschrank oder Standby-Nutzung.

Seit Februar 2020 statten die Betreibenden von Stromzählern (Messstellenbetreibende) Haushalte mit neuen Zählern aus. Schritt für Schritt soll jeder mindestens einen digitalen Zähler bzw. eine moderne Messeinrichtung bekommen. Für folgende Haushalte ist der Einbau eines Smart Meters aber schon Pflicht:

- Haushalte, die mehr als 6.000 Kilowattstunden Strom im Jahr verbrauchen.
- Haushalte, die eine PV-Anlage mit einer Leistung von 7-kW-Peak und mehr nutzen.
- Haushalte, die eine Wärmepumpe, ein Elektroauto oder einen anderen Stromverbraucher als »steuerbare Verbrauchseinrichtung« beim Netzbetreiber angemeldet haben.

Darüber hinaus darfst du auch freiwillig einen Smart Meter einbauen, da man sich, genau wie bei der Wahl des Stromanbieters, auch den Betreiber des Stromzählers (Messstellenbetreiber) selbst aussuchen darf. Das geht auch als Mieter*in in einem Mehrparteienhaus. Du kannst also jetzt schon einen Smart Meter nutzen, auch wenn in deinem Fall vielleicht nur ein digitaler Zähler verpflichtend wäre.

(*) Tipp: Smart-Meter-Nutzer*innen aufgepasst!

Wer als Stromzähler einen Smart Meter über einen Dienstleister nutzt (also nicht über den eigenen Stromversorger), sollte bei seiner Stromrechnung genau hinschauen. Denn die Gebühren für den Zähler sind dann üblicherweise direkt an den Dienstleister zu zahlen – und nicht zusätzlich auch noch an den Stromversorger. Im Zweifelsfall solltest du nachfragen und dazu eine Rechnung des Smart-Meter-Dienstleisters beilegen.

Rebound-Effekt

Die Beleuchtung ist auf energiesparende LED umgerüstet, die Geräte sind energieeffizient – und trotzdem steigt der Stromverbrauch? Das könnte am Rebound-Effekt liegen: Effizienzsteigerungen senken oft die Kosten für Produkte oder Dienstleistungen. Dies kann dazu führen, dass sich das Verhalten der Nutzer*innen ändert: Sie verbrauchen mehr – die ursprünglichen Einsparungen werden teilweise wieder aufgehoben. Dazu zwei Beispiele, die den Rebound-Effekt verdeutlichen:
Der neue, energieeffiziente Kühlschrank zieht nun in die Küche, der alte benötigt als Getränkekühlung im Keller weiterhin viel Strom.
Die Beleuchtung ist auf energiesparende LED umgestellt, aber es wurden mehr Lampen installiert oder sie werden nun nicht mehr so konsequent ausgeknipst wie vorher.
Man unterscheidet zwischen direktem, indirektem und makroökonomischem Rebound-Effekt. Der direkte Rebound-Effekt beschreibt eine erhöhte Nachfrage nach dem gleichen Produkt oder Dienstleistung. Ein indirekter Rebound-Effekt entsteht, wenn Leute das Geld, welches sie durch den Effizienz-Gewinn sparen, an anderer Stelle für zusätzlichen Konsum wieder ausgeben. Am komplexesten ist der makroökonomische Rebound-Effekt: Wird in Europa Energie gespart und z.B. weniger Benzin oder Diesel verbraucht, sinkt weltweit der Preis. Dies kann in anderen Weltgegenden zu vermehrtem Verbrauch führen. Wie geht man also am besten mit dem Rebound-Effekt um? Das Bewusstsein über diese Thematik ist der erste Schritt. Im persönlichen Umfeld stoßen wir oft darauf und können gegensteuern. Ein bewusstes, »suffizientes« Konsumverhalten, also eines, das die ökologischen Grenzen der Erde berücksichtigt, ist der beste Umgang mit dem Rebound-Effekt.

Grüne Energie aus der Steckdose

Unser Alltag steht fast permanent unter Strom, wir brauchen den ganzen Tag Energie. Mal gelingt es, mehr Strom einzusparen, mal weniger. Ganz auf Strom verzichten können wir nicht. Um die Energie, die wir verbrauchen, so umweltfreundlich wie möglich zu gestalten, empfiehlt es sich, auf Ökostrom umzusteigen. Achte bei der Wahl des Stromanbieters auf Gütesiegel von unabhängigen Stellen wie z.B. (TÜV Nord/Süd), das ok-power-Siegel und das Grüner-Strom-Label. Diese zeichnen nur Tarife aus, deren Strom zu 100 Prozent aus erneuerbaren Energien stammt und die nachweislich einen zusätzlichen Beitrag zur Energiewende leisten. Ökostromanbieter für dein Zuhause in deiner Region findest du beispielsweise beim Vergleichsportal der Umweltverbände unter **vergleich-dich-gruen.de**. Wechseln kannst du jederzeit!

Beim Stromanbieterwechsel zu beachten:

- Du brauchst keine Angst zu haben, beim Stromwechsel plötzlich im Dunkeln zu sitzen. Klappt etwas nicht, hat dein Netzbetreiber weiterhin die Pflicht, dich zu versorgen.
- Ein Stromanbieterwechsel geht in der Regel einfach und schnell: Du schließt einen Vertrag mit deinem neuen Anbieter. Der kümmert sich um alles Weitere, einschließlich der Kündigung beim alten Anbieter.

Wie lese ich eine Stromrechnung?

Einmal im Jahr erhältst du von deinem Energieversorger eine Jahresendabrechnung. Um diese besser zu verstehen, haben wir die wichtigsten Punkte zusammengestellt:

- Auf der ersten Seite findest du den Jahresrechnungsbetrag abzüglich der bereits gezahlten Abschläge. Der Rest ist der nachzuzahlende Betrag oder die Gutschrift, wenn weniger verbraucht wurde als veranschlagt. Außerdem stehen dort die künftigen monatlichen Abschläge, die aus der vergangenen Verbrauchsperiode errechnet werden. Hat sich der Strompreis oder -verbrauch erhöht, steigen üblicherweise die Abschläge.
- Auf den weiteren Seiten der Stromrechnung findest du z. B. die Zählerstände zu Beginn und zum Ende des Abrechnungszeitraums. Daraus ergibt sich der Jahresverbrauch in Kilowattstunden, abgekürzt: kWh.
- Der Strompreis setzt sich aus einem Grundpreis und einem Verbrauchspreis in Euro pro Kilowattstunde (kWh) zusammen.

Eine interaktive Musterrechnung mit einer guten Erklärung findest du beispielsweise unter **co2online.de** > Energie sparen > Strom sparen & Stromspartipps > Stromrechnung verstehen.

Wichtige Begriffe aus deiner Stromrechnung, einfach erklärt:

Kilowattstunde (kWh)
In dieser Einheit wird dein Stromverbrauch gemessen und auf der Stromrechnung ausgewiesen. Der Strom, den ein Gerät pro Stunde benötigt, wird also in (Kilo-)Watt pro Stunde gerechnet. Eine Kilowattstunde versorgt die Waschmaschine mit Energie für etwa eine Wäsche oder brüht dir 70 Tassen Kaffee auf.

Zähler, Zählernummer, Zählerstand
Zähler sind geeichte Messinstrumente. Sie messen, wie viel Energie du verbraucht hast. Mithilfe der Zählernummer kann der Zähler deiner Wohnung oder deinem Haus eindeutig zugeordnet werden. Der Zählerstand ist die fortlaufend gemessene Strommenge, die über den Zähler fließt. Beim Umzug solltest du ein Foto des Zählerstands machen. So kannst du festhalten, wie hoch dein Verbrauch bis zum Tag deines Auszugs war und wo der Verbrauch beim Einzug in die neue Wohnung stand.

Jahresstromverbrauch
Durch Differenzbildung zum erfassten Zählerstand im Vorjahr kann der neue Jahresstromverbrauch auf deiner Stromrechnung ermittelt werden.

Abschlag, Abschlagszahlung
Das ist im Prinzip eine Vorauszahlung deiner Stromrechnung an deinen Energieversorger. Die Abschlagszahlung wird vorher auf Basis einer Schätzung festgelegt und dann für gewöhnlich jeden Monat abgerechnet. Am Ende des Jahres zahlst du aber nur das, was du wirklich verbraucht hast. Du kannst deinen monatlichen Abschlag auch selbst anpassen. Dazu kannst du ihn bis zu 20 Prozent erhöhen oder senken, wenn du z.B. Nachwuchs bekommst oder der WG-Kollege auszieht.

Stromsparmythen

Auch der gute Wille kann in die Irre führen. In den schlimmsten Fällen verirrt man sich im Labyrinth der Tipps und endet in mehreren Sackgassen. Da kann sich die Absicht des Einsparen-Wollens schnell ins Gegenteil umkehren! Deshalb decken wir hier acht Energiesparmythen auf.

Kurzwaschprogramm
In der Kürze liegt bekanntlich die Würze, aber Achtung vor erhöhtem Energieverbrauch! Bei der aufgezwungenen Eile prahlt die Waschmaschine mit Leistung. Diese Höchstleistung erfordert allerdings mehr Energie!

Leerer Kühlschrank
Wenn ich weniger zum Kühlen reinstelle, dann muss der Kühlschrank doch weniger kühlen ... falsch gedacht! Jedes Produkt im Kühlschrank ist ein Dominostein in der Kühlkette: Sie erreichen ihre Kühltemperatur und bei jedem Neuankömmling im Schrank helfen sie bei der Kühlung mit und bilden gemeinsam eine Mauer gegen die warme Luft von draußen.

Energiesparlampen
Auch hier täuscht der Name! Energiesparlampen sind nämlich nicht die hellsten Sterne am Himmel und verbrauchen 80 Prozent mehr Strom als moderne LED-Leuchtmittel.

Lampen anlassen
Angeblich sind Glühbirnen Sensibelchen, welche den Geist aufgeben, wenn man sie zu oft an- und ausschaltet. Dies war früher der Fall: Inzwischen wird die Lebensdauer der Lampen nicht durch Schaltzyklen bestimmt.

Je effizienter das Gebäude, desto geringer ist der Stromverbrauch
Vorsicht, das ist beim Wärmeverbrauch so! Denn gut gedämmte Gebäude kommen mit weniger Heizenergie aus. Damit entfällt fast der komplette Energiebedarf auf den Stromverbrauch.

Der Bildschirmschoner spart Strom
Stimmt heute nicht mehr! Seinen Ursprung hat dieser Mythos aus der Zeit, als Computer noch Röhrenbildschirme hatten. Da bestand die Gefahr, dass sich das Bild einbrennt. Der Bildschirmschoner hat das verhindert. Bei modernen Bildschirmen verbraucht er einfach nur Strom.

Alte Geräte nutzen bis sie kaputt gehen
Dass man Geräte nicht jedes Jahr auswechseln muss und soll, ist klar: Neu ist nicht gleich energieeffizient! Doch so manches Relikt bezieht Unmengen an Strom. Gerade bei Großgeräten, wie Waschmaschinen und Kühlschränken, ist es oft besser, wenn sie aktuellen Energiesparvorgaben entsprechen. Hier kann sich der Tausch also lohnen. Am besten ist es, den Energieverbrauch zu testen und bewusst zu entscheiden.

Singles verbrauchen am wenigsten Strom
Das ist nicht korrekt: Von allen Haushaltsgrößen haben Single-Haushalte im Schnitt sogar den höchsten Stromverbrauch pro Kopf. Zwar steigt der gesamte Stromverbrauch mit steigender Personenzahl im Haushalt an, doch sinkt gleichzeitig der Pro-Kopf-Verbrauch, weil die meisten Geräte zusammen genutzt werden. Übrigens: In Wohnungen verbraucht die gleiche Personenzahl fast ein Drittel weniger Strom als in einem Einfamilienhaus, da dort zusätzliche Verbrauchsquellen, z.B. in der Garage oder im Garten, dazu kommen.

Der meiste Strom wird zuhause verbraucht
Tatsächlich wird immer mehr Strom außerhalb verbraucht – in den Rechenzentren. Laut des Fachmagazins Science fällt hier bereits ein Prozent des weltweiten Energieverbrauchs an. In Deutschland benötigten die Rechenzentren 2020 laut Borderstep-Institut 16 Milliarden kWh Strom. Ein Großteil unseres digitalen Stromverbrauchs fällt übrigens bei Online-Games, Online-Videos und Videokonferenzen an.

Ersparnis CO_2 in kg

Geräte	👤	👥	👥👥
Auf Klimaanlage verzichten	756	945	1386
LED nutzen	201	335	469
Fön um die Hälfte weniger benutzen	30	60	100
Hand- statt elektrische Zahnbürste	336	126	252
Nassrasur statt Elektrorasierer	0,2	0,4	0,5
Besen statt Staubsauger verwenden	336	336	336
Auf Rasenmäher verzichten	4,2	4,2	4,2
Summe	**1663,4**	**1806,6**	**2547,7**

Ersparnis Geld in €

👤	👥	👨‍👩‍👧‍👦	
648	810	1188	**Verzicht bedeutet 100 %**
148	246	346	**bis zu 80 %**
25	50	75	**bis zu 100%**
55	110	220	**bis zu 100 %**
0,2	0,4	0,4	**bis zu 100 %**
288	288	288	**bis zu 100 %**
3,6	3,6	3,6	**bis zu 100 %**
1167,8	**1508**	**2121**	

Energie sparen & Geld anlegen: ein Exkurs

Das alltägliche Leben wird für die Menschen in Deutschland immer teurer – die Preise steigen, vor allem für Energieprodukte und Lebensmittel. Das Geld scheint immer mehr an Wert zu verlieren. Die Rede ist von Inflation. Unser Energiespar-Ratgeber hilft, Kosten einzusparen und gleichzeitig einen persönlichen Klimaschutzbeitrag zu leisten. Viele Haushalte werden durch unsere schnell umsetzbaren Tipps die Preissteigerungen immerhin ausgleichen können; andere können die Einsparungen möglicherweise für die Altersvorsorge nutzen.

Die Inflationsrate zeigt an, in welchem Umfang die Preise für Waren und Dienstleistungen in einem festgelegten Zeitraum gestiegen sind. Gehen wir von einer Rate von zwei Prozent aus – die wir in den letzten Jahren hatten und die von den Zentralbanken wieder angestrebt wird –, sind 100 Euro in zehn Jahren nur noch 80 Euro, nach 20 Jahren weniger als 70 Euro wert.

Bei einer Inflation von vier Prozent bleiben nach 20 Jahren nur noch knapp 50 Euro übrig. Wir sprechen hier von Kapital, das bereits vorhanden ist und von Millionen Menschen durch harte Arbeit angespart wurde und sich jetzt durch die Inflationsraten massiv von Jahr zu Jahr reduziert.

Daher ist es sinnvoll, über eine individuelle, ertragreiche Anlagestrategie nachzudenken. Dabei können insbesondere Banken und Versicherungen nachhaltige Entwicklungen in entscheidendem Maße beeinflussen. Denn auch Geld, das man nicht aktiv investiert, ist nicht neutral. Vereinfacht betrachtet »arbeiten« unsere Banken mit unserem Sparguthaben, indem sie Kredite refinanzieren. Wir als Kund*innen entscheiden dabei in der Regel nicht, an wen diese vergeben werden. Kreditnehmende könnten Kohlekraftwerke,

Rüstungsunternehmen oder Unternehmen sein, die gegen Menschenrechte und Umweltschutzauflagen verstoßen. Mehr Informationen zu den verschiedenen Banken und ihren Investitionen finden sich unter **fairfinanceguide.de**.

»Geduld ist die Mutter der Porzellankiste« heißt es richtigerweise im Volksmund. Und Geduld ist auch bei der langfristigen Geldanlage ein wertvoller Rat.

In den letzten 100 Jahren haben sich die Finanzmärkte noch von jeder Krise erholt. Stellen wir uns also vor, wir legen unser Geld statt auf dem Sparbuch oder Tages-/Festgeldkonto zu Nullzinsen in einem gut geführten nachhaltigen Investmentfonds an und erzielen so langfristig sechs bis acht Prozent.

Je früher das Sparprogramm beginnt, desto besser und wirksamer. Da kommen in 30 Jahren schon bei einer monatlichen Anlage von 50 Euro einige Tausend Euro Endkapital zusammen, die dann bestens die Altersvorsorge unterstützen.

Dabei sollte nur der Betrag monatlich zurückgelegt werden, auf den problemlos verzichtet werden kann und der längerfristig nicht benötigt wird.

Dabei erzielen gerade nachhaltige Fonds gute Renditen. Es liegen genügend Studien vor, die beweisen, dass konsequent gemanagte nachhaltige Fonds genauso hohe Renditen erzielen wie die als »nicht nachhaltig« bewerteten, in einigen Fällen sogar mehr. Das ist nachvollziehbar:

Die in Nachhaltigkeitsfonds positionierten Unternehmen

- setzen verstärkt erneuerbare Energien ein,
- nutzen Energie- sowie Ressourcensparpotenziale,
- vermeiden Abfälle und recyceln gezielt,
- realisieren Wassersparprogramme und
- nutzen die Chancen eines professionellen Nachhaltigkeitsmanagements und von hoch motivierten Mitarbeiter*innen.

Erfolgreiche Nachhaltigkeitsbanken mit konsequent nachhaltig ausgerichteten Fonds findet man bei Banken wie der GLS Bank, der Umweltbank oder auch der Triodos-Bank. Auch regionale Banken engagieren sich zum Teil aktiv für nachhaltige Investitionen. Wer ethisch-ökologisch investieren möchte, sollte sich vorher gut informieren. Unter Stiftung Warentest (**test.de**) oder bei den Verbraucherzentralen (**verbraucherzentrale.de** sowie **geld-bewegt.de**) sind informative und aktuelle Informationen zu diesem Thema zusammengestellt. Nehmen wir unsere Möglichkeiten zum Mitmachen wahr, denn dadurch kann sich viel bewegen – eine echte »Win-Win-Strategie«, bei der alle profitieren.